Mariposas

Mariposas

Por Ivo Novák

Ilustrado por František Severa

SUSAETA

© 1986 ARTIA, Praga
Editado por SUSAETA S. A. — Madrid — 1990

Impreso en Checoslovaquia por Svoboda
3/15/16/55-01

CONTENIDO

CARACTERISTICAS DE LAS MARIPOSAS Y POLILLAS

Las mariposas y las polillas pertenecen al grupo de animales más numeroso, es decir, a aquel que tiene un mayor número de especies: los insectos. Dentro de este grupo, el suyo (los Lepidópteros) ocupa el cuarto puesto en cuanto a número y diversidad de especies, después de los escarabajos, himenópteros y dípteros. Se calcula que existen aproximadamente 200.000 especies de polillas y mariposas en la tierra, aunque hasta la fecha sólo se han descrito alrededor de 120.000. El resto aún no se conoce, si es que algún día llega a descubrirse, ya que hoy los animales, y esto incluye a mariposas y polillas, están disminuyendo de número a tal velocidad que muchas especies pueden desaparecer antes de llegar a ser descubiertas.

El desarrollo de las mariposas y polillas es mayor en las regiones tropicales, donde encuentran las condiciones más favorables, o sea, un clima cálido y alimento abundante durante la mayor parte del año. Los trópicos poseen además la mayor variedad de especies. En la zona templada de ambos hemisferios, hacia el norte y hacia el sur, el número de especies decrece al aumentar la latitud. Existen sólo unas pocas especies que se adapten a las duras condiciones de zonas más allá del Círculo Polar Artico.

No se puede decir que la fauna lepidóptera de las regiones templadas carezca de interés. A pesar de que las mariposas y polillas de dichas zonas no adquieren las enormes dimensiones de sus parientes tropicales, están a la par en cuanto a diversidad de formas y colores. Algunas de las especies más pequeñas son de una belleza asombrosa, con una amplia gama de colores, destellos metálicos y alas bordeadas de delicados márgenes, a menudo más largos que el ancho de las propias alas. Su estilo de vida está marcado por tantas peculiaridades, que merece la pena tratar de seguir aprendiendo sobre estas fascinantes criaturas. En este libro se describen e ilustran las especies europeas más familiares o interesantes en alguna forma, con objeto de incluir a los representantes de todas las familias importantes.

Por ser insectos (y, por tanto, también artrópodos), las mariposas y polillas tienen las características básicas de este grupo. Tienen el cuerpo dividido en tres partes claramente diferenciadas: cabeza, tórax y abdomen. En la cabeza están la boca, las antenas, los palpos y los ojos. El tórax, dividido en tres segmentos, lleva tres pares de patas articuladas (un par unido a cada segmento torácico) y dos pares de alas (en el segundo y tercer segmento). El abdomen es la parte más segmentada del cuerpo; está formado por diez segmentos, aunque sólo ocho son claramente visibles. Una característica típica de las mariposas y las polillas son las escamas, que cubren el cuerpo entero de los adultos, sobre todo las alas; el nombre Lepidóptero significa "alas con escamas". Además de las escamas, presentan numerosos pelos en diferentes partes del cuerpo y, a veces, también en las alas. Las escamas de colores, superponiéndose unas sobre otras como las tejas de un tejado, forman los maravillosos y elaborados dibujos de las alas; los colores se producen químicamente por pigmentos y físicamente por difracción y refracción de la luz. Es muy difícil ver el esqueleto en sí bajo las escamas y los pelos que lo cubren, y es necesario quitarlos para poder ver las partes individua-

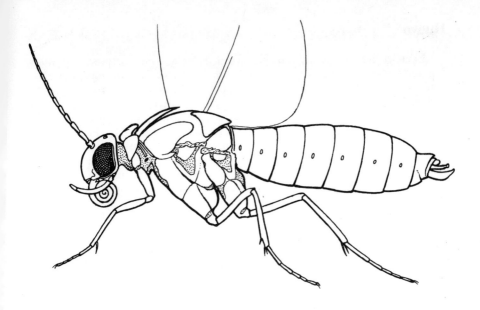

Cuerpo de un insecto lepidóptero que carece de pelos y escamas: cabeza (un par de antenas, un par de ojos compuestos, un par de palpos labiales); tórax (tres segmentos, tres pares de patas, dos pares de alas, sólo indicados); abdomen (orificios respiratorios y órganos genitales externos en el segmento terminal).

les del esqueleto. Una mariposa o polilla que haya sido "desnudada" parece una muñeca de juguete con articulaciones móviles. Como todos los insectos, las mariposas y las polillas respiran mediante una tráquea o serie de tubos que llevan oxígeno a los tejidos corporales.

DESARROLLO Y FASES PREIMAGINAL

Para la mayoría de la gente, la palabra mariposa o polilla evoca la imagen del imago o adulto. En general, no se piensa en el complejo desarrollo que precede a la aparición de la criatura con su preciosa forma y alas de colores. Las mariposas y polillas, como el resto de los insectos, sufren un proceso conocido como metamorfosis, en el cual se siguen en sucesión varias fases de crecimiento completamente distintas, empezando con el huevo y terminando con el adulto. Los Lepidópteros sufren una metamorfosis completa, pasando por cuatro fases principales, alternando siempre una fase activa con una fase inactiva o inmóvil. Las cuatro fases son: huevo, larva u oruga, pupa o crisálida y adulto.

Huevo

El ciclo vital comienza con el huevo. Los huevos de mariposas y polillas pueden verse a simple vista; incluso los de los Lepidópteros más pequeños son relativamente grandes, de 0,2 a 0,3 milímetros. Los huevos más grandes de los Lepidópteros más vigorosos pueden alcanzar el tamaño de un guisante, de 3 a 4 milímetros. El huevo está completamente cubierto de una sólida cáscara o corion que encierra al embrión y a la rica capa de yema que lo rodea y que le proporciona el alimento para su desarrollo. La superficie exterior puede ser más o menos suave o rugosa, toscamente esculpida con crestas y huecos o estar decorada con manchas irregulares. La forma del huevo demuestra una gran diversidad y puede ser esférica, cónica, cilíndrica, con forma de barra, bote o huso, angular o plana y tipo escama. El corion tiene un orificio diminuto llamado micropilo a través del cual penetra el esperma móvil para alcanzar el gameto femenino y fertilizarlo. El micropilo puede estar situado en la zona superior del huevo, y el huevo se llama huevo vertical, o puede estar situado lateralmente, en cuyo caso se denomina yacente.

Las hembras pueden poner sus huevos aislados o agrupados en formas características: alineados en fila, amontonados, en una sola capa o en varias capas. A veces la hembra hace su puesta sobre la superficie de hojas y ramas, otras veces inserta los huevos cuidadosamente en fisuras de troncos, bajo yemas o brotes jóvenes, bajo la hojarasca, en rosetas de hojas o en flores. Los huevos recién puestos tienen la concha blanda y su color es normalmente blanco o blanco amarillento, aunque puede ser verdoso. Sin embargo, el corion se endurece rápidamente y los huevos adquieren su verdadero color, en su mayor parte amarillo o verde pálido, también gris pardo e incluso negro. Los huevos de las polillas del género *Catocala* y los de las especies cuyos capullos tienen forma de huevo presentan una coloración muy viva.

A veces, la coloración puede cambiar con el desarrollo del embrión. Los huevos pálidos pueden adquirir marcas rojizas; otras veces toman colores más oscuros como pardo y violeta. En huevos con cáscara fina y translúcida es posible ver hacia el final del desarrollo embrionario la cabeza de la oruga a través del corion.

Diferentes tipos de huevos de lepidópteros (otros tipos en la parte ilustrada).

Oruga

Tras un cierto período de tiempo, variando muchísimo según las especies y los factores externos, las pequeñas orugas salen de los huevos. El factor externo que más influye en el desarrollo del huevo es la temperatura. También la humedad, por exceso o por defecto, influye en los huevos de algunas especies. La temperatura ideal oscila alrededor de los 20° C. A temperaturas inferiores el desarrollo del embrión se hace más lento o incluso se detiene; a temperaturas altas (hasta un cierto límite), generalmente el desarrollo es más rápido. En dos o tres semanas, o incluso antes, puede adquirir una longitud veinte veces mayor, un peso y un volumen de dos mil a tres mil veces superior y la cabeza puede aumentar seis veces en anchura. Ni la más elástica de las pieles podría soportar semejantes cambios de tamaño y, por tanto, la oruga experimenta numerosas mudas durante su desarrollo. Se libera de la piel vieja y ajustada, así como de la cápsula de la cabeza, y la repone con una nueva piel, más grande y holgada, que ya había desarrollado previamente bajo la anterior. Después de unas horas, la nueva piel se endurece y la oruga puede seguir alimentándose de nuevo. El período de crecimiento entre mudas se denomina Instar. Suele haber cinco o seis períodos de crecimiento, pero a veces pueden darse más. Sin embargo, no todas las orugas crecen tan rápidamente. En algunas especies, el desarrollo dura varios meses, algunas veces incluso años, y puede existir una gran diferencia en la duración del desarrollo aun entre orugas de la misma especie, dependiendo de la generación estacional a la que pertenezcan.

Este crecimiento tan rápido necesita su correspondiente cantidad de alimento y, en cuanto sale del huevo, la oruga comienza a buscarlo. Frecuentemente, el corion vacío sirve a la oruga como primer alimento, de manera que las huellas de su nacimiento desaparecen inmediatamente. Para algunas orugas es fundamental que el corion sea su primer alimento, y si por alguna razón no pueden tomarlo, no comen otra cosa y, por tanto, mueren.

En el momento que la oruga sale del huevo debe comenzar la búsqueda de los alimentos específicos que componen su dieta, ya sean hojas verdes, yemas, raíces, bulbos, madera o cualquier otra cosa. Algunas orugas roen diferentes semillas, manzanas, nueces, bellotas y otros frutos. Otras se alimentan de materia derivada de otros animales, como plumas, pelos, cera de abejas y hasta carne de animales muertos. En su hábitat natural estas orugas viven en nidos de pájaros o madrigueras de mamíferos, pero cuando llegan a viviendas humanas y almacenes pueden causar daños considerables. Existen también orugas depredadoras que o bien devoran a las de su propia clase (un ejemplo de canibalismo) o a otras orugas y animales.

La gran diversidad en tamaño, forma y color confiere interés a las orugas. En las polillas de especies más pequeñas, las orugas son tan diminutas que pueden perforar sinuosos túneles en las hojas llamados minas, comiéndose el tejido verde situado entre la epidermis superior e inferior. Otras orugas miden más de diez centímetros de longitud y son tan gruesas como el dedo pulgar de una mano. Las orugas pueden tener el cuerpo liso o con pelos, ser espinosas o tuberculadas, suavemente cilíndricas o cubiertas de irregularidades. Frecuentemente presentan cuernos y penachos de pelo que les protegen de sus enemigos dándoles un aspecto amenazador o haciéndolas invisibles. Las orugas cuentan con innumerables enemigos, ya que son alimento de pájaros y otros insectívoros; por eso, con objeto de asegurarse que al menos vivan algunas, han desarrollado una gran variedad de adaptaciones que sirven para hacerlas invisibles, confundiéndolas con su hábitat. En otros casos, cuando les molestan, se defienden exponiendo partes de su cuerpo que muestran colores de advertencia, haciendo uso de sus armas químicas mediante secreciones fétidas o incomestibles, o con pelos venenosos que hacen la vida imposible a sus atacantes.

La cabeza de la oruga consiste en una cápsula resistente, normalmente en forma de dos hemisferios incompletos. Entre ellos aparece una zona triangular, y en la parte frontal, en la boca, dos poderosas mandíbulas en forma de cuchara. Las piezas bucales también incluyen, entre otras cosas, una glándula que produce finas hebras de seda. Las orugas jóvenes utilizan estas hebras para bajar de los árboles, o bien, como las arañas, para ser arrastradas por el viento y ser así dispersadas por el campo. Las orugas adultas usan las hebras de seda para tejer capullos o para unir diminutos trozos de tierra, mantillo u otros materiales, cuando construyen una cámara donde transformarse en pupa o crisálida. La cabeza lleva, además de las antenas, dos pares de palpos y lateralmente seis ocelos (ojos simples, en oposición a los ojos compuestos del insecto adulto), normalmente dispuestos en forma de herradura.

El cuerpo de la oruga se compone de trece segmentos. Tres segmentos forman el tórax y diez el abdomen. Cada segmento torácico tiene un par de patas formadas a su vez por segmentos cilíndricos o cónico alargados. Las patas abdominales, generalmente situadas en los segmentos número tres, seis y diez, son carnosas y en sus extremos aparecen unos duros ganchos dispuestos en círculo. Una característica típica de algunas familias es tener un número de patas reducido. Las orugas de algunas polillas no tienen patas en los segmentos abdominales tercero y cuarto, y las de las polillas geómetras no tienen tampoco patas en el quinto segmento, quedando por tanto con sólo dos pares de patas abdominales. Su famoso movimiento de

Distintos tipos de cabezas de oruga con sedas y pequeños salientes.

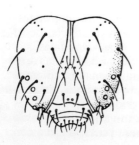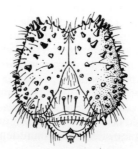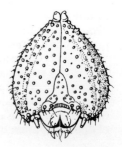

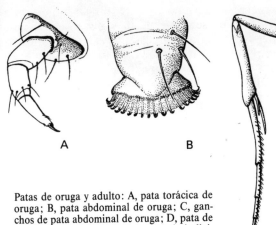
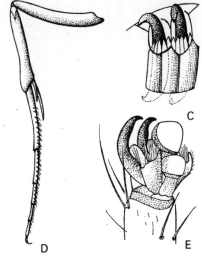

Patas de oruga y adulto: A, pata torácica de oruga; B, pata abdominal de oruga; C, ganchos de pata abdominal de oruga; D, pata de adulto; E, artejo terminal de pata de individuo adulto con gancho y almohadilla (ranilla).

"looping" es consecuencia de esta reducción. Algunas orugas tienen las patas del décimo segmento abdominal modificadas en un apéndice en forma de horquilla o bifurcado apuntando hacia arriba, de donde surgen cilios naranjas cuando la oruga se siente atacada.

El cuerpo de la oruga está recubierto de fuertes sedas. La situación de las sedas es bastante regular y con frecuencia constituye una característica importante para la identificación de algunas especies, siendo de gran ayuda para los expertos en la diferenciación de orugas de colores similares. Asimismo, pueden aparecer sedas semejantes en cabeza y extremidades. En algunas especies crecen agrupadas y forman penachos. Es posible también encontrar los ganchos y las espinas de la piel modificadas en pelos. Otras veces, la piel de las orugas puede estar recubierta de diferentes tubérculos y pequeños salientes sobre los que se insertan espinas simples o ramificadas. La situación de estos tubérculos o promontorios es característica para ciertas especies. Es frecuente encontrar crestas o montículos en los segmentos abdominales tercero u octavo. Las orugas de los esfíngidos se caracterizan, por ejemplo, por estar provistas de un curioso espolón en el octavo segmento abdominal. La oruga *Aglia Tau* presenta en el cuerpo apéndices en forma de espoleta u horquilla cuando es joven, pero que gradualmente van desapareciendo y no queda rastro de ellos en la oruga madura.

El cuerpo de la oruga está provisto de unas aperturas de ventilación o estigmas laterales que sirven para la entrada de aire a las tráqueas. La tráquea se ramifica y divide en numerosos túbulos, donde tiene lugar la oxigenación de los órganos internos. Los estigmas laterales se disponen por pares en el primer anillo torácico y en los ocho abdominales.

La forma de vida de las orugas muestra una gran variabilidad de unas especies a otras. También varía su alimentación, que puede ser cualquier

11

Cajas de larvas de oruga de las familias Coleophoridae y Psychidae.

materia orgánica. Algunas especies en particular también difieren en el tiempo de su existencia, el período de desarrollo, su ritmo de vida diario y otros. Varias especies de orugas son acuáticas. Su adaptación al agua puede llegar a tal extremo que sus órganos respiratorios se hallen modificados en protuberantes branquias ramificadas, a través de las cuales la oruga absorbe directamente el oxígeno del agua. Otras orugas viven en capullos tejidos de seda o formados por diferentes materiales que sirven de protección.

La pupa o crisálida

Una vez alcanzado el tamaño definitivo, la oruga busca un lugar seguro donde o bien elabora un capullo o prepara una cámara en donde después se transforma en pupa o crisálida. La crisálida es prácticamente inerte y no ingiere alimento alguno. En el interior de la caja o cámara tiene lugar un proceso insólito durante el cual, a partir de la informe masa de materia viva, se forma una mariposa o una polilla adulta. No es necesario describir la crisálida, ya que el lector encontrará numerosos ejemplos en la parte ilustrada del libro, pero vamos a mencionar simplemente que algunas pupas se sostienen sobre su extremo posterior y se sujetan por un hilo de seda que rodea su tórax; otras se cuelgan de unos ganchos que llevan situados al final del abdomen (el cremáster).

La mayor parte de las pupas pasan el período de reposo en posición yacente, bien recostadas libremente en el suelo o en un capullo o en su escondite. Dicho escondite puede ser, por ejemplo, una hoja enrollada, un hueco en el interior de un tallo, la cápsula de una semilla, el interior de la fruta de alguna planta o una galería tallada en la madera. Con frecuencia, las pupas crisalidan en el suelo, donde se construyen una sólida cámara de tierra parecida a un montículo de tierra hueco. Después de un cierto período de tiempo, la mariposa emerge de la crisálida.

El individuo adulto

La característica más notoria del insecto adulto es el colorido de las alas. Pero vamos a observar primero la cabeza. Lo más destacado son sus

12

ojos compuestos, grandes y hemisféricos (algunas especies poseen también un par de ojos simples u ocelos ocultos bajo finos pelos en la cabeza), grandes antenas, palpos labiales y trompa o probóscide, cuyo extremo se encuentra arrollado en espiral y con la que los insectos absorben el néctar y otros jugos. En algunos lepidópteros la trompa es corta, adaptada para picar frutas blandas, y otras veces está toda ella completamente reducida, en cuyo caso los individuos adultos no ingieren ningún alimento, adquiriendo toda la energía que necesitan para su corta vida de la grasa almacenada en su cuerpo por la oruga. La cabeza se une al tórax por un cuello delgado.

El tórax se compone de tres segmentos. Sobre cada uno de los anillos del tórax se inserta un par de patas. El segundo y tercer anillos llevan un par de alas membranosas cada uno. Las alas posteriores son más reducidas que las anteriores. Ambas están reforzadas por un complejo sistema formado por 15 nerviaciones o venas. Las diferentes venas se denominan de la siguiente manera: costa, subcosta, radio, medio, cúbito, postcúbito y anales. Los elaborados dibujos de las alas están formados por diminutas escamas que o bien contienen pigmentos o producen colores físicamente por difracción y refracción de la luz, dando con ello a las alas su llamativo esplendor. Estos dibujos presentan elementos característicos, como manchas y rayas que, a su vez, llevan nombres específicos, por ejemplo: manchas con forma de riñón, mancha en forma de cuña, banda cruzada interior y exterior, línea ondulada.

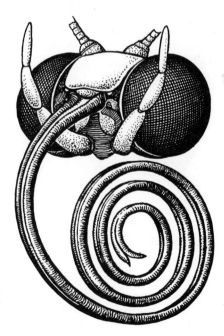

Cabeza de mariposa con trompa o probóscide, ojos compuestos, palpos labiales e indicación de las antenas.

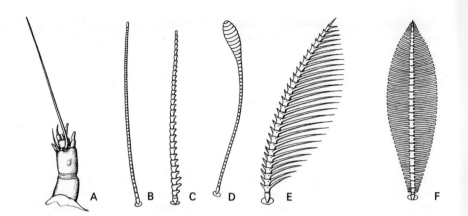

Antenas de orugas e individuos adultos: A, antena de oruga; de la B a la F, antenas de adultos; B, con forma de hilo (filiforme); C, dentada en forma de sierra (aserrada); D, con forma de maza o garrote (mazuda); E, con forma de peine (pectinada) unilateral; F, con forma de peine (pectinada o plumosa) bilateral.

Las patas presentan 10 artejos: cadera o coxa, trocánter, fémur, tibia, tarso (formado por cinco artejos) y pretarso. En algunos lepidópteros (como ninfálidos y satíridos) los artejos de las patas anteriores están reducidos y las patas no se utilizan en absoluto para andar.

El abdomen contiene el canal de alimentación y el aparato reproductor y en la parte terminal lleva los órganos genitales. Estos órganos sexuales externos se forman en los dos (en el macho) o tres (en la hembra) últimos segmentos y son muy característicos y muchas veces constituyen una ayuda indispensable para identificar las especies con exactitud. En la parte ilustrada del libro aparecen algunos ejemplos de la compleja estructura de estos órganos.

A, venación completa de ala (Noctuidae); B, tipo con venación muy reducida (Opostegidae).

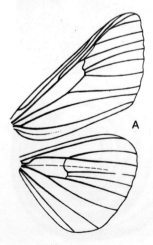

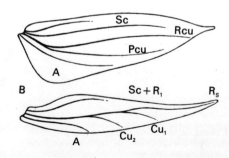

El imago es una fase eminentemente reproductora, su objetivo es la reproducción y su vida entera está enfocada hacia este fin. El macho busca una hembra virgen, la copula y fertiliza, y la hembra pone los huevos. Con ello termina el ciclo de vida de la mariposa o polilla y entonces muere. El huevo marca el comienzo de un nuevo ciclo.

DIVERSIDAD Y VARIABILIDAD

No resulta fácil describir una especie de mariposa o polilla con exactitud e inequívocamente. A pesar de que los miembros de una misma especie tienen muchas características en común, presentan en muchos aspectos una gran variabilidad de mayor o menor grado. Los especímenes individuales pueden diferenciarse en tamaño, detalles de coloración y dibujo de las alas, así como, por ejemplo, en el comportamiento, resistencia y capacidad de reproducción. La variabilidad es una característica básica de todos los organismos vivientes. Permite a éstos adaptarse a las diferentes condiciones externas y, por tanto, asegura su supervivencia. Al propio tiempo, refleja la flexibilidad de las especies, la reacción de una especie respecto a las condiciones cambiantes de su entorno.

La variabilidad de los individuos, poblaciones y especies difiere en el grado o medida de sus características. En el caso de mariposas y polillas, las desviaciones más notables (aunque no siempre las más útiles) son naturalmente variaciones en el color y el dibujo de las alas. Se dice que las mariposas y polillas aparecen de varias formas (la abreviatura de forma es f.). En general, son formas individuales (también llamadas aberraciones) y no son hereditarias. Otras desviaciones tienen lugar en forma de mutaciones y son permanentes, siendo transmitidas a la descendencia según las leyes de la herencia genética. A veces los individuos de la misma especies son tan diferentes entre sí que parecen pertenecer a una especie distinta. Por otra parte, algunas especies son tan variables que podría resultar extraño encontrar dos ejemplares de idéntico color.

Otro tipo de variabilidad más frecuente es la variabilidad geográfica. Si una especie se distribuye a lo largo de grandes extensiones como, por ejemplo, por toda Europa y Asia, las poblaciones de zonas muy distantes pueden desarrollarse por separado, aisladas, como respuesta al clima local. Las causas del aislamiento pueden ser diversas barreras geográficas y geológicas, como cordilleras, largos ríos, océanos, desiertos, plegamientos de la corteza terrestre o glaciares. En un período de decenas de miles de años, las diferencias que surgieron en poblaciones separadas geográficamente pueden llegar a ser hereditarias en parte, dando origen de este modo a varias razas geográficas, llamadas subespecies (ssp.). Un buen ejemplo de cómo surgieron dichas subespecies se puede observar en el Apolo *(Parnassius Apollo),* que desarrolló razas geográficas claramente diferenciadas en las aisladas cordilleras de Europa y Asia —se han descrito decenas sólo en Europa.

Si dicho aislamiento continúa durante cientos de miles de años, las diferencias entre las poblaciones pueden llegar a ser tan grandes que se conviertan en especies independientes, ya incapaces de cruzarse entre sí, acostumbradas a dietas diferentes, con ritmos de vida distintos, etc. Mientras que desde el punto de vista sistemático las formas individuales no tienen importancia, exactamente al contrario que en el caso de formas y razas geográficas. Es por ello por lo que también están sujetas a las rígidas reglas de la nomenclatura, es decir, a las normas para denominar a las unidades sistemáticas —especies, géneros, familias, órdenes, etc.

Es necesario saber que la denominación científica de una especie se compone de dos nombres. El primero es el género, siempre escrito en mayúscula. El segundo nombre designa la especie y se escribe con la inicial minúscula. Este sistema que utiliza dos denominaciones se llama nomenclatura binómica. Cuando se añade un tercer nombre, que denomina la subespecie (raza geográfica), se llama nomenclatura trinómica. La llamada raza geográfica es la población de un territorio específico, según el cual la especie fue descrita y nombrada por primera vez, y en su denominación el nombre de la subespecie es idéntico al de la especie. Por ejemplo, Carl von Linneo describió el Macón según especies capturadas en Suecia y, por tanto, la raza geográfica que habita en Suecia se llama *Papilio machaon machaon,* mientras que la población que se encuentra en Gran Bretaña, ligeramente distinta de la anterior, se denomina *Papilio machaon britannicus.*

Otro tipo de variabilidad en mariposas y polillas es el polimorfismo, que supone la existencia de grupos muy diferentes dentro de la especie. Este puede ser sexual, en cuyo caso se denomina dimorfismo sexual (macho y hembra diferentes), o estacional, en cuyo caso se denomina polimorfismo estacional (en el mismo año se dan diferencias entre generaciones separadas). El término dimorfismo se usa en el caso de existir dos grupos distintos y polimorfismo en el caso de varios grupos distintos. En los últimos años, algunos ejemplos de polimorfismo han sido designados con nombres específicos como, por ejemplo, el que las diferencias de color se denominen dicroísmo y policroísmo.

En muchas especies de mariposas y polillas los machos son diferentes de las hembras. En algunos casos las diferencias son muy pequeñas, como en dibujo, tono de color o número de artejos de las antenas. Otras veces son muy notables, tanto que en algunas especies el macho y la hembra no se parecen en nada. Pueden diferenciarse en el color (dicroísmo sexual), en el tamaño o en la forma de las antenas, patas o alas. Así, por ejemplo, el macho de La Lagarta *(Lymantria dispar)* es pequeño y pardo y su vuelo es rápido, mientras que la hembra es grande, de color blanco crema y de vuelo pesado. En algunos geométridos, limántridos, arctidos y microlepidópteros, las hembras tienen las alas atrofiadas y no pueden volar. Los machos de los licénidos son generalmente azules, mientras que las hembras son pardas. Las alas de los ninfálidos machos tienen un brillo metálico que, sin embargo, en las hembras no aparece. Los machos de muchas especies de polillas tienen antenas pectinadas o plumosas y las hembras, en cambio, las tienen filiformes.

El polimorfismo estacional aparece en especies que en un mismo año presentan varias generaciones. Con frecuencia, las generaciones individuales difieren o bien en tamaño o en color. Esto es bastante común en los ejemplares pertenecientes al género colias (amarillos) o a los piéridos (blancos). La segunda generación de Chupaleche *(Iphiclides podalirius)* difiere ligeramente de la primera en el color. La razón de estas diferencias reside, en general, en la reacción de los insectos a los cambios en la duración de los días a lo largo del año. Un ejemplo típico de polimorfismo estacional es una ilustración de *Araschnia levana,* explicada en el texto que acompaña a la respectiva lámina en color. Los cambios estacionales pueden influir también en la coloración de las orugas y de la pupa. Así, las crisálidas de verano de la especie Macaón son verdes, mientras que las de invierno son pardas.

SISTEMA DE CLASIFICACION DE LEPIDOPTEROS

Incluso para un profano es fácil reconocer que entre algunos animales existen mayores afinidades que entre otros. Lo mismo ocurre con los lepidópteros. En primer lugar, se dividen claramente en mariposas y polillas. Los grupos más importantes son los esfíngidos, los zigénidos y los sésidos. La comparación y un examen más detallado de otras características, como la forma de las alas y de las antenas, la venación de las alas y las piezas bucales, permite la división en grupos y subgrupos. Generaciones enteras de naturalistas han intentado determinar ciertos principios según los cuales todos los seres vivos u organismos puedan ser categorizados en un sistema. El primero que resolvió este problema con relativo éxito fue el famoso científico sueco Linneo. Clasificó todos los animales y plantas que conocía en su libro *Systema Naturae,* que constituyó la base a partir de la cual se desarrolló el actual sistema de clasificación. Han transcurrido más de 200 años desde que se publicó la décima y definitiva edición en 1758. A pesar de que gran parte del sistema original se ha modificado debido a los modernos avances de investigación, los principios fundamentales de Linneo no se han alterado. De este modo, hoy día, mariposas y polillas se clasifican, de acuerdo con el conocido sistema natural, en: el reino animal (Animalia), phylum: artrópodos (Arthropoda), clase: insectos, orden: mariposas y polillas (Lepidópteros).

Dentro de este orden continúan dividiéndose en familias y éstas en géneros. La unidad más pequeña del sistema es la especie (o subespecie). Las categorías auxiliares son: subórdenes, superfamilias, subfamilias y otras unidades sistemáticas.

La clasificación de mariposas y polillas experimenta continuos cambios, tanto debido a la morfología, anatomía, paleontología y genética comparadas y otras investigaciones científicas, como dependiendo del subjetivo punto de vista de cada naturalista. Originalmente, se clasificaban atendiendo a las características morfológicas del individuo adulto. En los últimos años, su clasificación también toma en consideración los llamados estadios preimaginales, en otras palabras: el huevo, oruga y crisálida, así como algunos criterios citológicos.

La mejor manera de comprender cómo varía el concepto de las autoridades individuales es en términos de la subdivisión en familias. Según algunos autores, los Lepidópteros pueden dividirse en 50 familias, mientras que otros piensan que hay hasta 120 familias. Así, por ejemplo, los ninfálidos y satíridos se consideran dos familias distintas por algunas autoridades y una sola familia por otras. Los Riodinidae a veces se consideran una familia independiente y otras veces sencillamente una subfamilia, los Lycaenidae. Los Pirálidos llegan a dividirse incluso en seis familias independientes.

Normalmente se reconoce el sistema del científico australiano I. F. B. Common, que apareció en su libro *The insects of Australia,* y para las mariposas y polillas europeas la clasificación de 1980 del entomólogo francés P. Leraut, que incluye hasta los últimos descubrimientos. Según Leraut, el orden Lepidópteros se divide en dos subórdenes y 27 superfamilias con sus diferentes familias como muestra el siguiente esquema (se han omitido las familias menos importantes).

Orden: Lepidópteros (mariposas y polillas).
Suborden: Zeugloptera.
  Superfamilia: Micropterigoidea.
    Familia: Micropterigidae (polillas arcaicas).
Suborden: Glossata.
  Superfamilia: Eriocranioidea.
    Familia: Eriocraniidae (polillas primitivas).
  Superfamilia: Hepialoidea.
    Familia: Hepialidae (vencejos o hepiálidos).
  Superfamilia: Nepticulidae.
    Familia: (polillas nepticúlidas, Mariposas nocnas pigmeos), Minadores sinuosos, opostegidae.
  Superfamilia: Tischerioidea.
    Familia: Tischeriidae.
  Superfamilia: Incurvarioidea.
    Familia: Incurvariidae, Adelidae (Cornilargos).
  Superfamilia: Tineoidea.
    Familia: Tineidae, Tineidos, Orugas de la bolsa o del saquito (diminutas minadoras de las hojas), Polillas de los Tejidos, Psychidae, Gracillariidae
    –Minadores forestales de alas estrechas, Minadoras de pústulas.
  Superfamilia: Yponomeutoidea.
    Familia: Argyresthiidae, Yponomeutidae (polillas de armiño), Plutellidae.

  Superfamilia: Gelechioidea.
    Familia: Coleophoridae (mariposas nocturnas de estuche o de vaina), Oecophoridae, Ethmiidae, Elachistidae, Gelechiidae.
  Superfamilia: Sesioidea.
    Familia: Sesiidae, Choreutidae (mariposas desprovistas de escamas).
  Superfamilia: Tortricoidea.
    Familia: Tortricidae (enrolladoras de hojas), Coquílidos, Falónidos.
  Superfamilia: Zygaenoidea.
    Familia: Heterogynidea, Zygaenidae-Zigenas y Guardabosques.
  Superfamilia: Alucitoidea.
    Familia: Alucitidae (polilla de alas polipinnadas).
  Superfamilia: Pterophoroidea.
    Familia: Pterophoridae-Alucitas.
  Superfamilia: Cossoidea.
    Familia: Cossidae (polillas cabrunas), Limacodidae (polillas de orugas babosas).
  Superfamilia: Bombycoidea.
    Familia: Lemoniidae, Lasiocampidae, Endromidae, Sphingidae, Saturniidae, Pavones.
  Superfamilia: Hesperiidae.
    Familia: Hesperiidae, Skippers.
  Superfamilia: Papilionoidea.
    Familia: Papilionidae, Chupaleches y Apolos, Pieridae, Mariposas de la Col (blancas) y mariposas pertenecientes al Gen. Colias

(amarillas), Lycaenidae,
Riodinidae, Nymphalidae
(ninfálidos, mariposas de
patas-cepillo), Libytheidae
(mariposas de las narices
largas), Satyridae (pardas
y mediolutos).
Superfamilia: Pyraloidea.
Familia: Pyralidea, Pirálidos.
Superfamilia: Drepanoidea.
Familia: Drepanidae (extremidades
ganchudas), Thyatiridae.
Superfamilia: Geometroidea.

Familia: Geometridae (geométridos,
gusanos agrimensores), Loopers.
Superfamilia: Noctuoidea.
Familia: Notodontidae (jorobadas,
mariposas harpías), Lymantriidae
(lagartas y monjas), Syntomidae
o Amatidae, Arctiidae, Noctuidae
(noctuidos).
Las superfamilias Hesperioidea y Papilionoidea unidas forman el grupo de mariposas que generalmente se clasifican como
Rhopalocera.

ECOLOGIA DE MARIPOSAS Y POLILLAS

Las mariposas y polillas forman parte inseparable de la naturaleza. Participan en las complejas relaciones que tienen lugar entre componentes
vivos e inanimados y entre los propios organismos. Tienen que adaptarse a
una gran variedad de aspectos de naturaleza inanimada, sobre todo al tiempo, así como a otros aspectos de naturaleza viva, como a otros organismos.
Por una parte, son consumidores de otros organismos, principalmente de
plantas, y por tanto afectan a su vida directa o indirectamente (ya que afectan a su entorno). Por otra parte, las mariposas y polillas son a su vez alimento de animales y parásitos depredadores. Son, por tanto, un importante eslabón en la cadena alimentaria y forman parte del ecosistema del
mundo entero.

Se denomina valencia ecológica al grupo de características que posee
una especie y que le permiten hacer frente a los factores externos. Las especies que presentan una amplia valencia ecológica soportan una gran variedad de condiciones y son flexibles. Son capaces, por ejemplo, de vivir
bajo condiciones climáticas diversas o de alimentarse de una gran variedad
de alimentos. Por otra parte, una valencia ecológica reducida significa de-
pendencia de un restringido número de condiciones y generalmente también especialización que, en ocasiones, puede llegar a ser muy extrema.
Aunque las especies con valencia ecológica reducida pueden adaptarse a
condiciones de vida muy duras, como en altas montañas o en el desierto,
son incapaces de sobrevivir en condiciones suaves padecidas a menores alturas. Luego está la especialización alimentaria. Las especies con valencia
ecológica reducida son típicamente monofagocitarias, que significa que
sólo son capaces de alimentarse de un sólo tipo de alimento, y cuando éste
no está disponible (por ejemplo, cuando una planta muere o es destruida)
son incapaces de sobrevivir.

Las mariposas y polillas tienen así diversos requerimientos, y cada especie debe buscar el hábitat (en el sentido más amplio de la palabra) apropiado que satisfaga sus necesidades y provea los factores necesarios para su
existencia —esto se denomina un nicho ecológico—. Un nicho apropiado
puede ser, por ejemplo, un tipo de cosecha o de cultivo de plantas (bosque,
pradera, matorrales de ribera), un tiempo específico del año, una cierta

fase del crecimiento de la vegetación, una calidad y composición química particular de los alimentos, una temperatura y humedad dada en el medio ambiente, el tipo de luz apropiada, corrientes de aire, etc. Algunas especies requieren un nicho grande y complejo, otras se contentan con uno pequeño y sencillo. Cuando una mariposa o polilla de una especie determinada ocupa un nicho adecuado no se presta a compartirlo con otra especie y lo defiende lo mejor que puede. Suele ocurrir que se lo quede o que sea expulsada por el intruso. En el último caso debe encontrar otro nicho adecuado y tomarlo, desalojando al ocupante anterior. Si no encuentra un nicho apropiado debe adaptarse a las nuevas condiciones y buscar un nicho de otro tipo. Si es incapaz de conseguir ninguna de las dos cosas estará condenada a morir.

La ocupación de nichos de gran diversidad de tipos y de varios niveles y su mutua interconexión en el espacio, tiempo y demás, dan lugar a comunidades naturales muy complejas que mantienen su *statu quo* por regulación propia o cambiando su respuesta ante los factores externos. Hoy día sabemos que el principio que rige todos estos fenómenos es el flujo de energía. El Sol es la fuente fundamental que provee la energía necesaria para la vida en nuestro planeta. Las plantas son capaces de tomar energía solar y utilizarla en la síntesis de sustancias orgánicas. Entonces esta energía pasa a los consumidores de la cadena alimentaria que se nutre de plantas (herbívoros). Cuanto mayor sea la adquisición primaria de energía solar, mayor es el suministro para los siguientes en la cadena ecológica, haciendo así posible la vida de un gran número de especies. Donde la energía solar disponible es escasa, las comunidades tienen pocas especies y prevalecen las interrelaciones simples entre los organismos. Dichas comunidades se alteran con facilidad y tienen dificultades para sobreponerse ante cualquier trastorno. Por el contrario, un fuerte suministro de energía permite que florezca una comunidad mucho más rica. Por esta razón, en las montañas altas sólo hay unas pocas especies de mariposas y polillas, lo mismo que en las regiones polares, no disponen de suficiente energía para muchas especies o para interrelaciones fuertes. En las regiones templadas habitan una gran cantidad de especies, sus interrelaciones son más complejas y las comunidades son más resistentes frente a los factores externos.

Cada uno de los factores de naturaleza inanimada, o factores ambióticos (temperatura, humedad, luz), tiene una influencia separada e individual. Entre éstos, la temperatura es el más importante. Las mariposas y polillas no son capaces de regular su temperatura corporal y sólo pueden existir si la temperatura de su cuerpo llega a la requerida gracias a una fuente externa. Son, por consiguiente, directa o indirectamente dependientes de las radiaciones solares o de la temperatura del medio ambiente. Sus necesidades varían. Algunas especies son activas a temperaturas tan bajas como el punto de congelación o ligeramente superiores. Sin embargo, la temperatura óptima para la mayoría de las especies oscila entre los 20 y 25° C. A mayor temperatura, su actividad aumenta al principio, pero luego, a medida que la temperatura se aproxima al límite de su resistencia, su actividad disminuye rápidamente. Los lepidópteros no soportan temperaturas por encima de los 40° C durante mucho tiempo y por tanto buscan lugares con temperaturas más bajas, agitan sus alas para reducir su temperatura, refrescan su cuerpo chupando líquidos y se esconden en zonas sombrías. De igual forma, las temperaturas bajas son peligrosas, sobre todo cuando descienden bruscamente. Sin embargo, muchas especies han desarrollado un mecanismo fisiológico que les permite sobrevivir incluso a las heladas más duras.

Otro factor decisivo en la vida de mariposas y polillas es la humedad. La mayor parte de sus tejidos corporales están compuestos de agua y ésta debe ser repuesta continuamente. El agua es importante como materia prima básica para los procesos químicos que tienen lugar en el cuerpo, es decir, para la síntesis de tejidos corporales, y como medio de transporte para conducir los nutrientes a todo el cuerpo y para llevar los productos de desecho al exterior. El grado de humedad necesario difiere según las especies. Algunas están muy bien adaptadas a la vida en ambientes secos; sus cuerpos están provistos de una cubierta gruesa y hermética, los pelos previenen la evaporación y también son capaces de tomar de una sola vez gran cantidad de agua. Las orugas obtienen el agua que necesitan para sus procesos vitales de las plantas verdes. Otras especies, o sus fases preimago (de desarrollo), no pueden sobrevivir en un ambiente seco. Las hembras ponen sus huevos en lugares húmedos; los gusanos viven en el interior de las plantas, por ejemplo, dentro de tallos, capullos, flores o frutas, o se esconden en el suelo. Otras orugas viven en cajas que, además de servirles de protección, les confieren una mayor humedad.

Es muy interesante el papel que juega la luz en la vida de mariposas y polillas. Como fuente de energía, es imprescindible como tal para que haya vida y, en segundo lugar, actúa como señal de varios procesos vitales. Durante millones de años, las horas del día han ido reduciéndose y aumentando a lo largo del año, y, de la misma manera, las estaciones han ido cambiando regularmente, alternando estaciones favorables con otras menos favorables. Y así, las mariposas y polillas aprendieron a utilizar el reloj astronómico en su propio beneficio. Con la ayuda de señales luminosas realizan los preparativos necesarios para sobrevivir a las inclemencias de las estaciones y, del mismo modo, saben cuándo es hora de salir del huevo para que haya suficiente alimento para la descendencia.

El letargo es cualquier tipo o período de inactividad en el desarrollo de las mariposas o polillas. Hay muchos tipos de inactividad y son muy complejos. Los dos tipos básicos son la diapausa y la quiescencia, además de muchos tipos intermedios. La quiescencia es la reacción inmediata a un cambio en los factores externos, generalmente un cambio de temperatura, y, en ocasiones, también de humedad. Cuando la tempertura o la humedad descienden por debajo del valor óptimo, el organismo cesa de ser activo. Sin embargo, al restablecerse las condiciones adecuadas, continúa inmediatamente el crecimiento o la reproducción. En esencia, la quiescencia es la capacidad de quedarse inmóvil debido a la sequía o al frío e independientemente de la luz.

La diapausa es un tipo de letargo mucho más complejo. Es un período de inactividad en el curso del desarrollo que se desencadena por cambios hormonales en el organismo mucho antes de que comience una estación desfavorable. La duración del día es el impulso que estimula los cambios que necesita el organismo. Cuando los días son cortos, los procesos fisiológicos del cuerpo son distintos de aquellos que tienen lugar en los días largos; las glándulas producen sustancias difentes o pueden incluso dejar de funcionar temporalmente. Así, la longitud de las horas del día en primavera despierta a la oruga en invernación a una vida nueva, es el impulso que provoca a la mariposa o polilla que salga del capullo, o la señal para que la oruga salga del huevo en invernación haciendo su camino a mordiscos. Una cierta cantidad de luz estimula la maduración de los huevos en los ovarios de las hembras o la actividad sexual en los manchos. Determina si habrá otra generación en el mismo año o no, si la pupa permanecerá en reposo durante varios días o durante varios meses, etc. La diapausa puede ocurrir en cualquiera de los estadios de desarrollo y la señal luminosa generalmente aparece mucho antes que el letargo. Esto es de extrema importancia para la supervivencia de la especie, ya que el impulso se manifiesta en un momento en que dispone de mucho alimento y la oruga o imago (por ejemplo, fases de alimentación) puede almacenar suficientes provisiones para sobrevivir al período desfavorable. La longitud del día puede también afectar al color del futuro adulto (polimorfismo estacional).

Entre los factores bióticos —o de naturaleza viva— el más importante es la alimentación, que es la principal fuente de energía. Dado que las mariposas y las polillas son organismos heterotróficos, dependen del alimento que produzcan otros organismos vivos, sobre todo de las plantas. Las plantas constituyen el alimento de algunos individuos adultos y de las orugas. Sólo ocasionalmente las orugas se alimentan de animales o de productos de animales tales como plumas, pelos o restos de animales muertos.

En cuanto a su alimentación, los lepidópteros se dividen en tres grandes grupos: polífagos, oligófagos y monófagos.

Los lepidópteros polífagos no son especialmente exigentes y se alimentan de muchos tipos de comestibles. En el caso de las orugas sería mucho más largo citar la lista de plantas que comen que la lista de plantas que no comen. Por ejemplo, las orugas del conocido Silver y Moth *(Autographa gamma)* se encontraron o se criaron experimentalmente en más de 200 especies de plantas pertenecientes a 51 familias de plantas diferentes.

Los lepidópteros oligófagos presentan unas necesidades más específicas y se alimentan sólo de algunas especies de plantas correspondientes a una sola familia e incluso a un solo género. Otras veces la oligofagia se encuentra limitada ecológicamente, por ejemplo, la dieta consiste sólo en varias plantas acuáticas, varias especies de líquenes de árboles, plantas con tallos huecos, bulbos o tubérculos. No existe una línea divisoria claramente definida entre polifagia y oligofagia.

Los manófagos son los lepidópteros más altamente especializados. Se alimentan de un solo tipo de comida —de una sola especie de planta o incluso de una determinada parte de la planta—, por ejemplo, yemas, frutas, hojas o solamente una parte de las hojas. En mariposas y polillas, la monofagia explícita es relativamente poco frecuente pero es típica de algunas familias como Coleophoridae, Sesiidae y Lithocolletidae. Como toda especialización, la monofagia es un arma de doble filo. Aunque a veces permite a la especie utilizar un suministro de comida que otros organismos no pueden consumir, cuando desaparece la planta huésped la especie desaparece con ella (se extingue).

ADAPTACION

En su mayor parte, las adaptaciones aparecen como reacción ante las presiones del medio ambiente. La resistencia al frío y la tolerancia frente a un entorno húmedo o seco son el resultado de un proceso de selección natural como respuesta al medio externo. Otras adaptaciones demuestran de qué manera característica las mariposas y polillas se defienden tratando de esconderse de sus enemigos. Muchos noctuidos y geométridos imitan el fondo de plantas y animales en el que se encuentran. Muchos son imposibles de distinguir entre, por ejemplo, líquenes, el tronco de los árboles, rocas o suelo. Las orugas de los geométridos, notodóntidos, noctuidos y otras polillas tienen aspecto de ramas con yemas, trocitos de ramas, agallas u hojas retorcidas. Con frecuencia, las mariposas y polillas imitan, en forma y color, a insectos muy temidos y rehuidos por los depredadores.

CAPACIDAD REPRODUCTORA

Como en el resto de los insectos, la capacidad reproductora de mariposas y polillas es inmensa. Normalmente, la hembra pone cientos de huevos, y algunas especies ponen hornadas de varios miles. Si todos estos huevos llegaran a adultos, sobrepasarían muchísimo a la generación de los padres. En los casos que presenten dos o más generaciones al año, el número de descendientes llegaría a millones e incluso billones. Esto, sin duda, sería una catástrofe: con tantas orugas no quedaría una sola hoja verde en el campo. Aunque estos desastres ocurren de vez en cuando, generalmente no se dan explosiones demográficas ya que la naturaleza cuenta con los medios suficientes para controlarlas.

Para mantener una densidad de población similar a la de la generación parental, sólo pueden desarrollarse dos individuos adultos capaces de reproducirse de cada hornada. El resto debe morir. Por consiguiente, la tasa de mortalidad total de la descendencia está cerca del 100 por 100. Durante el desarrollo natural, los individuos sufren un drástico exterminio. Las condiciones climáticas desfavorables encabezan la lista de las causas de la muerte de estos individuos: muchos gusanos jóvenes mueren debido a fuertes lluvias que los arrastran y aniquilan y otros no sobreviven a cambios bruscos de temperatura. Además, los gusanos constituyen el alimento de otros muchos animales. Las aves matan a gran cantidad de ellos, en especial cuando están alimentando a sus pequeños. Las orugas del suelo caen bajo los mamíferos insectívoros como topos, musarañas y erizos. Algunos animales de rapiña, como el zorro, el tejón y el oso, consideran a una oruga gordita un sabroso bocado. Generalmente, se considera que los ratones son nocivos, pero, además de plantas, también consumen gran número de crisálidas de mariposas y polillas. Los insectos depredadores como las cucarachas del suelo matan a muchos gusanos. Asimismo, pueden ser atacados por parásitos como la larva de ichneumónidos bracónidos o larvavóridos. Y por último, como todos los animales, las mariposas y polillas sucumben al ser atacadas por numerosas enfermedades durante su desarrollo. Los hongos y bacterias pueden atacar a los huevos. Las orugas pueden morir debido a infecciones víricas, diversas enfermedades alimentarias u hongos. La crisálida puede ser atacada por hongos y otros microorganismos. Junto a las aves, los murciélagos se cuentan entre los mayores enemigos de los lepidópteros adultos, sobre todo las polillas nocturnas, a las que cazan en gran número.

Sin embargo, de vez en cuando, por una razón u otra, fallan las fuerzas reguladoras naturales y entonces la mortalidad de la descendencia se reduce. Si esto persiste durante varias generaciones sucesivas, se produce una explosión de la población de la especie, llamada gradación. En la primera fase aumentan la densidad de población, pero cuando alcanza su punto máximo comienza a decrecer. Este decaimiento se debe, por un lado, al aumento del número de parásitos y depredadores en respuesta a la abundancia, y, por otro, por la muerte debida a las diversas enfermedades que contraen los gusanos hambrientos cuando han terminado con todo el alimento disponible. Después de un tiempo todo vuelve a la normalidad pero los daños que ha sufrido la vegetación a causa de la explosión demográfica de la especie tardan mucho tiempo en subsanarse. Cuando la explosión incide también sobre campos de cultivo, el propio hombre se convierte en víctima de los perjuicios. La producción está en peligro, la cosecha puede disminuir o puede estar completamente destrozada. No hace tanto tiempo (en 1977), en la zona norte de Alemania hubo una explosión de *Agrotis Segetum* Den. et Schiff. que destruyó varios millones de hectáreas de patatas, caña de azúcar y verduras. En los años sesenta, la *Autographa gamma* proliferó de la misma manera, la polilla *Charaeas graminis* causó la defoliación de la vegetación de prados y montañas, y en los últimos años la *Tortrix viridana* y la *Erannis defoliaria* han hecho estragos con frecuencia deshojando los bosques de robles. Los árboles frutales son víctimas de las explosiones de las orugas de la *Operophtera brumata,* de la *Euproctis chrysorrhoea* y la *Malacosoma neustria.* Todos los años las orugas de la *Cydia pomonella* causa daños a las manzanas. Asimismo, algunos lepidópteros específicos perjudican las viñas, el maíz y otros cultivos. Incontables microlepidópteros se alimentan de bienes almacenados, tejidos, etc. A pesar de ello, en número muy superior a éstos están las innumerables especies que no causan ningún daño, en las que apenas reparamos y que, modestamente, juegan algún papel en el complejo ciclo de la naturaleza y en muchas cadenas alimentarias. Además de todo ello enriquecen la vida humana con su belleza, así como contribuyendo a mantener el equilibrio de la naturaleza y por tanto un entorno saludable.

COLECCIONANDO MARIPOSAS Y POLILLAS

El decreciente número de mariposas y polillas silvestres sugiere que los días en que se capturaban libremente han pasado y que hacer colecciones estereotipadas de lepidópteros grandes se ha convertido en un anacronismo indeseable. La mera escasez de muchas especies ha dado a entender que las mariposas y polillas deben estar protegidas más que ser coleccionadas y deberían cogerse sólo excepcionalmente, fundamentalmente con objeto de estudiarlas. Los amantes de la naturaleza podrían estudiar las familias que hayan sido menos investigadas hasta ahora, en especial el grupo de microlepidópteros, especies parcialmente conocidas, estadios larvarios (sobre los que se sabe muy poco), ciclos vitales y detalles de interés o incluso las complejas leyes de vida de especies determinadas. Pueden realizarse gran número de observaciones sin matar a los insectos y, si fuera necesario, cazar algún especimen de vez en cuando para poder examinarlo con detenimiento, ¿por qué no liberar la mariposa una vez concluida la clasificación? Los grandes avances en la tecnología fotográfica ofrecen posibilidades sin precedentes de "captar" mariposas y polillas en color en su hábitat natural, sobre flores y plantas, en movimiento, así como realizando otras actividades, y de esta forma crear colecciones inimitables que pueden ser utilizadas para ilustrar libros, así como para continuar estudiando.

Pero, en primer lugar, ¿dónde y cuándo debe uno ir a ver lepidópteros en libertad? Los naturalistas interesados no sólo en mariposas sino también en polillas pueden observar algunas especies prácticamente en cualquier época del año, dado que determinados tipos de polillas todavía vuelan en las profundidades del invierno. Por supuesto, la época en que hay más mariposas y polillas revoloteando sobre bosques, prados y húmedos valles con exuberante vegetación es a finales de primavera y verano. Algunas especies pueden incluso encontrarse en las montañas agitándose durante la breve estación de floración.

Existen varios tipos de redes entomológicas para facilitarle coger mariposas. El cazamariposas estándar tiene una red larga en forma de bolsa, fabricada con red de mosquito, organdí o algún otro tejido fino atado a un anillo metálico de 30 a 45 centímetros (12-18 pul.) de diámetro. El anillo va unido a un palo de madera o metal.

Equipo para capturar lepidópteros con luz por la noche.

Muchas polillas nocturnas —sobre todo geométridos y noctuidos— son irresistiblemente atraídas hacia la luz. Los rayos ultravioletas en especial ejercen un efecto extraordinariamente fuerte y, por tanto, la luz de una lámpara de vapor de mercurio atrae a un número de polillas muchísimo mayor que la bombilla de luz eléctrica corriente. La fuente de luz se sitúa en frente de una sábana blanca para aumentar el efecto de la luz y pronto acudirán gran cantidad de polillas, revoloteando en las cercanías, acomodándose en el suelo, hierba y sábana, o moviéndose por la sábana.

El cebo sólo atrae a aquellos lepidópteros que se alimentan. Las especies que presentan piezas bucales degeneradas no pueden ser capturadas por este método, pero es un método excelente para capturar muchos tipos de polillas. Como cebo se utiliza un líquido fermentado o con olor dulce. El más recomendado es cerveza brevemente hervida con un poquito de miel cubriendo varios trocitos de manzana. Los trozos de fruta se atan a una cuerda y se sumergen en este líquido y se cuelgan de las ramas de los árboles y de los matorrales.

El cebo se cuelga o se disemina por la tarde ya que las polillas aparecen en mayor número poco después del anochecer.

Los lepidópteros hembras vírgenes pueden utilizarse también de una curiosa manera porque las hembras recién salidas del huevo emiten un olor particular que atrae al macho. Esto se debe a unas sustancias químicas que reciben el nombre de feromonas y permite que los dos sexos se localicen con mayor facilidad. Las hembras que se utilizan como cebo se crían generalmente a partir de orugas. Al propio tiempo la hembra virgen se lleva a un lugar donde es probable que aparezca la especie. Se mete en una jaula de forma que los machos que llegan no puedan fertilizarla, ya que entonces perdería inmediatamente su capacidad de producir el olor de la feromonas y por tanto también el poder de atraer al sexo opuesto. Este método se puede utilizar para capturar aquellas especies a las que pertenece la hembra, dado que estos olores sexuales son muy específicos.

CULTIVANDO MARIPOSAS Y POLILLAS A PARTIR DE HUEVOS, ORUGAS Y PUPAS

Cultivando mariposas y polillas, el coleccionista obtiene especímenes perfectos que no han sufrido ningún daño y además aprende con detalle sobre la vida de las respectivas especies, sus diversos requerimientos en cuanto a alimentación, temperatura, humedad, etc. Las orugas son interesantes, coloreadas con gran variedad y provistas de protuberancias peculiares que les confieren formas extrañas que pretenden parecerse a diferentes objetos. Aprender acerca de las orugas es tan importante como aprender sobre los individuos adultos. Los huevos para la cría se pueden obtener de una hembra que ha salido de una pupa recogida en su propio jardín o de algún amigo. Cultívelos mientras observa cómo se transforman en pupa.

Las pequeñas orugas saldrán de los huevos tras varios días o semanas.

Al principio éstos se guardan en pequeños contenedores y luego en receptáculos más grandes de cristal o plexiglás o en grandes cajas-criaderos con los laterales confeccionados con finas mallas de alambre. En la cría de orugas es preciso suministrarles alimento prácticamente a diario, quitarles los excrementos que pronto se enmohecen y pueden ser un foco de infección y mantener la humedad adecuada (ni muy baja ni muy alta) y la temperatura correcta en el interior de la caja. A baja temperatura (entre 10 y 15º C), el desarrollo de las orugas tarda mucho tiempo. A temperaturas extremadamente altas (por encima de los 25º C) y elevada humedad se acelera el desarrollo pero aumenta el riesgo de infección, que significa la muerte segura de las orugas y la pérdida de todo el cuidado y esfuerzo del coleccionista durante varias semanas. La exposición directa a la luz del sol es igualmente perjudicial, sobre todo si las orugas se tienen en receptáculos herméticos, por ejemplo, de cristal.

Cuando el desarrollo de las orugas se acerca a su fín, es necesario dotarle de las condiciones apropiadas para la formación de la crisálida o pupa. Algunas orugas tejen un capullo en un rincón de la caja o cámara de incubación, otras necesitan una capa de tierra donde hacerse una celda para su transformación, y otras requieren serrín, papel suave (p. ej., Kleenex) u otros materiales para construir un capullo adecuado.

La crisálida no requiere cuidados especiales. Todo lo que necesitan es que se les rocíe de vez en cuando con un poquito de agua y que se les deje en condiciones naturales durante al menos unas pocas semanas en invierno. No deben sacarse nunca del interior de los capullos ya que éstos les proporcionan el mejor microclima.

La recompensa del coleccionista por todos sus esfuerzos será un especimen adulto perfecto, con frecuencia con su coloración original, que en condiciones naturales desaparece tras el primer corto vuelo. Así, por ejemplo, el *Hemaris tityus* y el *Hemaris fuciformis,* cuando salen, tienen las partes translúcidas de las alas cubiertas de escamas.

PROTEGIENDO MARIPOSAS Y POLILLAS

En las últimas décadas, el número de mariposas y polillas ha decrecido ostensiblemente, sobre todo en los países desarrollados en agricultura e industria. Esto se manifiesta claramente en las mariposas. Hoy día, en las zonas destinadas al cultivo intensivo, apenas si se puede ver alguna Mariposa de la Col, y los campos de flores de trébol con ninfálidos, piéridos y macaones revoloteando al azar son algo que hace tiempo pertenece al pasado.

Se estima que todavía en los años 40 abundaban en Europa central unas 45 especies de mariposas de campos y prados y unas 25 especies de bosque. Actualmente se puede decir que sólo unas 10 u 11 especies abundan en los prados y aproximadamente nueve especies en los bosques. E incluso estos números siguen decreciendo. Prácticamente, todas las demás especies se han convertido en algo excepcional. Sólo algunas pocas se han adaptado a los campos de cultivo. El uso de agentes químicos para proteger a las plantas ha sido la causa de los mayores estragos. Desafortunadamente, cuando se pulverizan o fumigan los campos para erradicar la aparición de alguna plaga agraria destructiva, los bosques pueden verse también afectados. Con frecuencia, los finos polvos o llovizna venenosa no sólo cae en las zonas cultivadas, sino que es arrastrada a otros lugares. Hoy en día en las colinas floridas y en los setos floridos no hay ni rastro de las zygaenas, fritillarias y satíridos que solían descansar en la escabiosa o viuda silvestre y en el serpol. El número de polillas y microlepidópteros también ha disminuido.

El decreciente número de prados y la desecación de los campos húmedos ha tenido un efecto desfavorable en la vida de los insectos. Cada vez hay menos flores en los campos recultivados y altamente fertilizados y por consiguiente menor alimento para mariposas y polillas. Otra catástrofe para los lepidópteros es el quemar anualmente la vieja hierba en primavera, ya que con la hierba se destruyen también los huevos, gusanos y pupas de mariposas y polillas, así como otros insectos de interés.

En el caso de muchas especies, la razón más importante para que disminuyan en número es su incapacidad de adaptarse a los bruscos cambios que sufre su entorno. El hombre destruye a menudo biotopos enteros y altera el campo de tal forma que lo hace inviable. Algunas especies, indirectamente, desaparecen debido a estos cambios al desaparecer las plantas de las que se alimentan.

Actualmente, muchos países, y sobre todo en Europa, cuentan con los llamados *Libros Rojos* de especies en peligro —no sólo mariposas y polillas, sino también otros animales—. Las especies en extinción están protegidas por la ley. Los ciudadanos de ideas conservativas manifiestan cada vez más su justificada protesta contra la caza de mariposas y polillas no sólo para recordárnoslo o por razones puramente comerciales. Algunos de los grupos interesados y organizaciones conservativas están incluso intentando criar mariposas y polillas en cautividad. Esto satisfacería la demanda del mercando de determinadas grandes especies y prevendría la captura de especies silvestres. La puesta en libertad de los individuos cultivados en cautividad, su vuelta al campo, podría también fortalecer las poblaciones naturales en peligro.

El hombre está obligado a preservar en este planeta la mayor riqueza posible de plantas y especies animales. A su manera, constituyen monumentos históricos creados por la naturaleza hace millones de años. Sería triste que, en el caso de unas criaturas tan maravillosas como las mariposas y polillas, tuviéramos que hacernos la siguiente pregunta: ¿sobrevivirán al año 2000?

ILUSTRACIONES EN COLOR

Macaón
Papilio machaon L.
Papilionidae

La familia de los macaones y apolos no es muy grande. Comprende unas 700 especies distribuidas por todo el mundo, sobre todo en los trópicos. Sin embargo, incluye entre sus miembros a las mayores mariposas del mundo, pertenecientes al género *Ornithoptera,* cada vez menos frecuentes. En Europa habitan diez especies de Macaón de preciosos colores pero en ningún caso alcanzan el tamaño de sus parientes tropicales. Una de las más bonitas es la que aparece ilustrada, la cual no sólo habita en Europa, sino también en el norte de Africa, en las regiones templadas desde Asia a Japón y en América del Norte. A lo largo de esta enorme extensión aparecen como varias razas geográficas que se diferencian en el tamaño y en la coloración de ciertas zonas de las alas. Por lo demás no presentan demasiada variedad en el dibujo de las alas, y el macho y la hembra se diferencian sólo en el tamaño, no en el color. Las crisálidas son interesantes porque hay dos tipos de diferente coloración. Las crisálidas de verano, que se pueden observar en junio y julio, son de un verde apagado, mientras que las pupas de invierno son pardas. Las mariposas adultas emergen de la primera pupa (verde) tras un corto período de tiempo, mientras que la pupa parda inverna.

En las últimas décadas, el Macaón ha llegado prácticamente a extinguirse y en muchos países está protegido por la ley. Su desaparición se debe a cambios en los métodos agrarios, como el uso de fertilizantes, pesticidas, el arado de los campos de cultivo o su uso para el pasto intensivo.

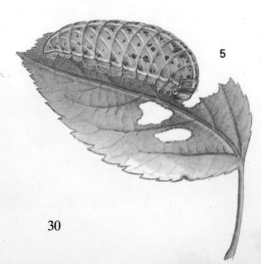

El Macaón (1) tiene una envergadura de 50 a 75 mm.; la hembra es ligeramente mayor que el macho. La llamativa oruga (2) se alimenta de plantas umbelíferas (zanahorias, hinojo, alcaravea). La crisálida (3) inverna. La mariposa habita en biotopos de prados desde tierras bajas hasta en zonas montañosas de alrededor de los 2.000 metros. El número de generaciones anuales depende del clima y de la altura: en las zonas más frías no hay más que una al año, pero en zonas más templadas pueden darse dos o tres. Las mariposas están volando desde abril a junio y de julio a agosto.

La Chupaleche *(Iphiclides podalirius* L.) (4) tiene una envergadura de 50 a 70 mm. Aparte de su diferencia en tamaño, la hembra y el macho son muy parecidos. Esta mariposa es más termófila (amante del calor) que la especie anteriormente mencionada y se encuentra en las estepas de los bosques. En la Europa central y del sur se dan tres generaciones al año. La mariposa vuela desde abril a junio y a últimos de verano: de agosto a septiembre. La oruga (5)

5

se alimenta de endrino, manzana, espino y
similares. La pupa inverna. Debido a su
rápida desaparición, esta mariposa está
protegida por la ley en algunos países.

Mariposa de las Aristoloquias
Zerynthia polyxena D. et Sch.

Nadie pensaría que esta mariposa termófila, sorprendentemente coloreada, reminiscente de la magnífica especie tropical, es genuina de Europa. La especie se describió de acuerdo con su población en las cercanías de Viena. Sin embargo, el centro de su distribución se encuentra en las regiones mediterráneas del sur y del este, extendiéndose hacia el este hasta Asia Menor. A lo largo de su zona se han descrito unas 20 formas geográficas, de las cuales la más conocida es ssp. *cassandra* Hb. que se encuentra al suroeste de Europa. La Mariposa de las Aristoloquias aparece en distritos de tierras bajas. A comienzos de la primavera vuela a través de estepas, claros de bosques, a orillas de los ríos, cerca de las aguas, por arroyos y viñedos, en otras palabras: allí donde crezcan las plantas que constituyen su alimento —distintas especies de Aristoloquia—. Su vuelo es agitado y cercano al suelo no es cauteloso. Es una de las joyas de la naturaleza de primavera y en muchos países está protegida por la ley de coleccionistas de insectos indiscriminados y comerciantes. En los últimos años su número ha ido disminuyendo y en algunas zonas la especie está desapareciendo. Sin embargo, más daño que los coleccionistas causan los pesticidas que se utilizan para proteger los cultivos agrarios y la quema en primavera de la hierba seca y de las plantas donde inverna la pupa.

También en Europa se encuentra la especie *Z. rumina* L., que vive en el norte de Africa y en la región mediterránea oeste. Otra especie parecida es *Allancastria cerisii* Godt., que se encuentra al suroeste de Europa y Asia, zona que comparte con la Mariposa de las Aristoloquias.

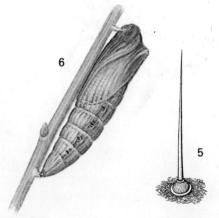

6

5

La Mariposa de las Aristoloquias (1, 2) tiene una envergadura de 45 a 55 mm.; la hembra es ligeramente mayor que el macho. Hay una sola generación al año y las mariposas vuelan en primavera —desde abril hasta junio—. El desarrollo de la oruga (3) dura desde mayo a julio, en que pueden encontrarse, generalmente en grandes grupos, sobre diversas especies de Aristoloquia. Se presentan vivamente coloreados: amarillo anaranjado con

tubérculos rojos y negros (4), cada uno de
ellos recubiertos de numerosas púas (5) que
crecen sobre la base que forma una pequeña
verruga. Los guasanos tienen un olor muy
fuerte a la planta de la que se nutren, que
evidentemente actúa como protección muy
efectiva contra sus enemigos. Las pupas (6)
se presentan unidas con la parte frontal hacia
arriba, en tallos de plantas, permaneciendo
así pegadas a los restos de plantas secas
desde el verano hasta la primavera siguiente.

33

Apolo
Parnassius apollo L.

La belleza ha hecho de Apolo una de las mariposas más populares. Sin embargo, esta popularidad tiene sus inconvenientes, de forma que Apolo es enormemente cotizada y perseguida por el hombre como objeto comercial rentable y en muchos lugares ha desaparecido o es extremadamente difícil de encontrar. Es una de las pocas mariposas que debe incluirse en la lista mundial *(Libro Rojo)* de especies en peligro. Se distribuye intermitentemente en distritos con colinas y montañas desde el oeste de Europa a Asia central. En el este de Asia pueden encontrarse especies similares. El Apolo no es una especie típica de montaña, a pesar de que en los Alpes aparece en alturas de hasta 2.500 metros. Algunos lugares se sitúan (o más bien fueron situados en el pasado) a una altura de 200 metros. Las poblaciones aisladas de los Alpes, Pirineos, Apeninos, Balcanes, Cárpatos y norte de Europa originaron razas geográficas separadas. Esta especie tiende incluso a presentar formas locales en los grandes valles separados.

En zonas muy elevadas se puede encontrar en los Alpes una especie similar, Apolo Pequeño *(Parnassius phoebus* F.). Aparece en menos lugares pero su distribución se extiende más al este que la del Apolo. También puede encontrarse en América del Norte.

4

El Apolo tiene una envergadura de 65 a 75 mm. La hembra es ligeramente más grande que el macho (1), un poco más oscura y con unos ocelos rojos en las alas mucho más brillantes. Sólo hay una generación al año. Las mariposas adultas pueden verse desde mayo (en el sur de Europa) hasta agosto (en el norte y a mayores alturas). Los huevos, generalmente, invernan, aunque si la temperatura del otoño permanece templada las orugas pueden eclosionar. Los gusanos, coloreados en negro con marcas rojo anaranjadas (2), se alimentan de varios tipos de uvas de gato y siemprevivas (uva de gato blanca, hierba callera, siempreviva

1

3

mayor). En mayo o junio la oruga está completamente desarrollada. La corta pupa, gris-pruinosa (3) descansa normalmente en el suelo durante tres o cuatro semanas, tras las cuales emerge la mariposa adulta.

El Apolo Pequeño (4) tiene una envergadura de 50 a 60 mm. Como en la especie anterior, sólo presenta una generación al año y sus costumbres son similares, excepto que su mariposa vuela una o dos semanas antes que la del Apolo. Las orugas se alimentan de la saxífraga de montaña amarilla y siempreviva de montaña.

2

Blanca de la Col
Pieris brassicae L.   Pieridae

La familia Pieridae comprende dos grupos de mariposas claramente diferentes: las blancas y las amarillas. Incluye aproximadamente 2.500 especies conocidas, de las cuales 45 son originarias de Europa. La Blanca de la Col es una de las mariposas que más abundan en Europa. Se desarrolla dondequiera que crezcan vegetales. En las zonas no cultivadas, las orugas se alimentan de plantas crucíferas, pero en áreas de horticultivos pueden llegar a ser serias plagas. Esta especie también se distribuye por el norte de Africa y hacia el este por el Himalaya. En las únicas regiones que no aparece es en las regiones más frías del norte de Europa. Cuando el número de mariposas experimenta un fuerte ascenso comienzan las invasiones migratorias en busca de nuevas fuentes de alimento. Sin embargo, estas migraciones no son regulares como ocurre en el caso de otras mariposas.

Las dos especies blancas que se describen a continuación son asimismo muy abundantes, incluso en campos de cultivo. La Blanquita de la Col *(P. rapae* L.) se ha introducido en todas partes del mundo y, como la Blanca de la Col, es un insecto nocivo para los campos y jardines donde se cultivan hortalizas. En cualquier caso se alimenta de mucha mayor variedad de plantas, tales como reseda, capuchina, etc. La Blanca con nerviaciones verdes *(P. napi* L.) se distribuye generalmente en tierras no cultivadas a lo largo de toda la región paleoártica, es decir, desde el norte de Africa pasando por Europa y Asia hasta Japón, y también se encuentra en Norteamérica. Es una de las primeras mariposas de la primavera.

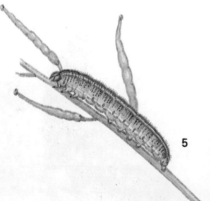

La Blanca de la Col tiene una envergadura de 50 a 60 mm. El macho se diferencia de la hembra (1) porque no tiene en las alas manchas negras en el centro. Generalmente hay dos generaciones al año —a veces también otra tercera generación parcial— que vuelan desde abril hasta principios de junio, y de nuevo desde julio hasta agosto, y algunas veces también en septiembre y octubre. Las orugas (2) se pueden encontrar de junio a septiembre sobre plantas crucíferas. Las pupas (3) invernan.

La Blanquita de la Col (4) tiene una envergadura de 40 a 50 mm. El macho se diferencia de la hembra igual que el anterior e igual que el siguiente. Existen dos o tres generaciones superpuestas que vuelan desde marzo a septiembre. La oruga (5) puede igualmente encontrarse desde la primavera al otoño. La pupa inverna.

5

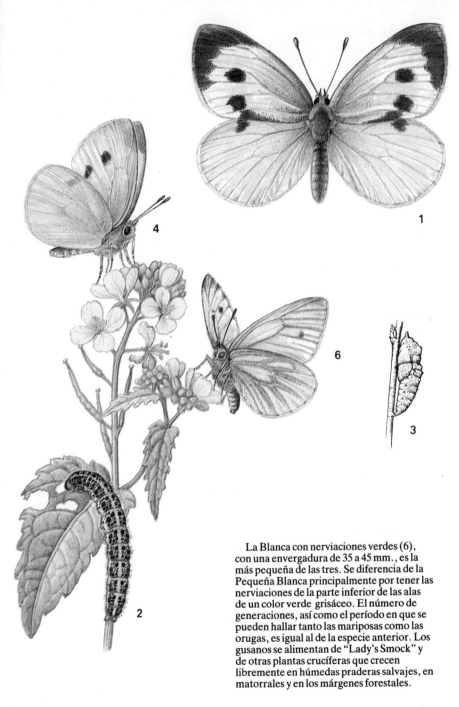

La Blanca con nerviaciones verdes (6),
con una envergadura de 35 a 45 mm., es la
más pequeña de las tres. Se diferencia de la
Pequeña Blanca principalmente por tener las
nerviaciones de la parte inferior de las alas
de un color verde grisáceo. El número de
generaciones, así como el período en que se
pueden hallar tanto las mariposas como las
orugas, es igual al de la especie anterior. Los
gusanos se alimentan de "Lady's Smock" y
de otras plantas crucíferas que crecen
libremente en húmedas praderas salvajes, en
matorrales y en los márgenes forestales.

Blanca del Majuelo
Aporia crataegi L.

Pieridae

Con sus alas blancas, translúcidas, surcadas de negras nerviaciones, esta mariposa tan grande parece un pequeño Apolo. Sus características anatómicas, el dibujo de sus nerviaciones, el tipo de oruga y de pupa indican claramente, sin embargo, que pertenece a los piéridos, a un género distinto con una sola especie originaria de Europa. En el caso de esta mariposa, las pequeñas orugas son las que invernan entre las hojas en nidos de seda parecidos a aquellos de la polilla de cola marrón; dichos "nidos" no son habituales en las mariposas. La Blanca de nerviaciones negras está muy extendida en las regiones templadas de Europa, en el norte de Africa y en las regiones templadas de Asia hasta el Lejano Oriente. Es una mariposa migratoria. Los gusanos se alimentan de árboles frutales y han sido la causa de muchos estropicios en las huertas de frutas. Sin embargo, en este siglo esta especie se ha extinguido en muchos lugares y su presencia en números nocivos es relativamente poco corriente, especialmente en el centro de Europa.

La Aurora *(Anthocharis cardamines* L.), otro piérido, es también una mariposa notable en Europa. Se distribuye por toda la región paleoártica hasta Japón. El macho, con una fuerte mancha amarilla en cada una de las alas anteriores, ilumina nuestros prados, bosques densos de hojas gruesas y nuestros jardines durante la primavera. Su número, ¡ay!, también ha registrado un pronunciado declive en las décadas pasadas.

3

2

La Blanca del Majuelo (1) tiene una envergadura de 50 a 65 mm. El macho y la hembra son más o menos iguales. Sólo presentan una generación anual que vuela desde mayo hasta julio. Las orugas (2) se alimentan de hojas de árboles frutales cultivados (albaricoque, pera, manzana, cereza, etc.) y de arbustos salvajes de la familia de los rosales, sobre todo de endrino y espino. Las orugas jóvenes invernan y completan su desarrollo en mayo. El estadio de pupa (3) no dura más de dos a cinco semanas.

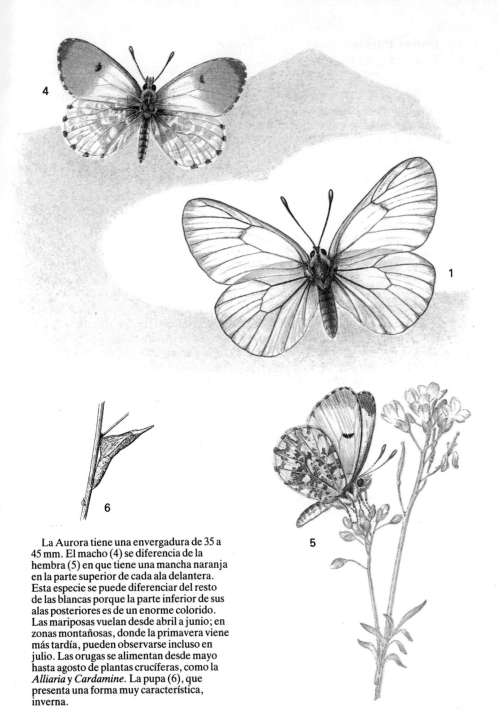

La Aurora tiene una envergadura de 35 a 45 mm. El macho (4) se diferencia de la hembra (5) en que tiene una mancha naranja en la parte superior de cada ala delantera. Esta especie se puede diferenciar del resto de las blancas porque la parte inferior de sus alas posteriores es de un enorme colorido. Las mariposas vuelan desde abril a junio; en zonas montañosas, donde la primavera viene más tardía, pueden observarse incluso en julio. Las orugas se alimentan desde mayo hasta agosto de plantas crucíferas, como la *Alliaria* y *Cardamine*. La pupa (6), que presenta una forma muy característica, inverna.

Colias Pálida
Colias hyale L.

La Colias Pálida es una de las especies pertenecientes al género Colias más comunes. Aparece en gran cantidad en las granjas del campo, aunque prefiere campos secos, tierras de barbecho y claros de bosques. Se distribuye a lo largo de las regiones más calientes de Europa y en Asia hasta las Montañas Altai. Siendo buena voladora, aparece ocasionalmente en zonas donde no se encuentra normalmente, principalmente en altas montañas y en el norte de Europa. La Nueva Amarillo Sombreado *(Colias australis* Verity) es una especie muy similar pero más amante del calor que prefiere los biotopos de carácter claramente estepario o bosque-estepario. Las dos especies se diferencian ligeramente en la forma de las alas y en las marcas negras pero se pueden diferenciar más fácilmente por el color de los gusanos y por las plantas que constituyen su alimento. Hasta comienzos del siglo XX no se descubrió que eran dos especies distintas.

La Colias Común *(Colias crocea* Fourcr.) es una de las sulfurosas de color naranja. Es emigrante. En años favorables se extiende por toda Europa, donde puede permanecer incluso durante varios años, aunque su residencia permanente es sólo en regiones más calurosas, fundamentalmente en las zonas de Europa y Africa que bordean el Mediterráneo y en Asia por todo el camino a Afganistán. Se puede encontrar en prados y campos, con frecuencia incluso en las montañas. Algunos años es muy abundante, pero luego puede no aparecer durante algún tiempo. La hembra se diferencia del macho en que presenta puntos amarillos diseminados en el borde negro.

4

La Colias Pálida tiene una envergadura de 40 a 45 mm. El macho (1) es de color amarillo y la hembra blanquecina. Hay dos o tres generaciones al año, que están volando en abril y mayo, julio y agosto y septiembre y octubre. La oruga (2) inverna. El estadio de pupa (3) dura sólo unos días. La oruga se alimenta principalmente de alfalfa, aunque también come coronilla y otras plantas leguminosas.

La Colias Común (4) tiene una envergadura de 35 a 50 mm. Las hembras

suelen ser naranjas, aunque alguna vez
pueden observarse hembras de color
amarillo (F. *helice*). En su hábitat principal
pueden darse dos o tres generaciones al año.
Las mariposas llegan a Europa entre abril y
junio, y después se encuentran algunas
esporádicas hasta el otoño; en verano se
pueden hallar gusanos que incluso atraviesen
diversos estadios de desarrollo. Las orugas
se alimentan de alfalfa, trébol, meliloto y
otras plantas similares.

41

Colias de los Pantanos
Colias palaeno L.

Pieridae

La Colias de los Pantanos habita en un territorio inmenso en el paleoártico norte, desde Europa hasta Japón. Su distribución también se extiende hasta América del Norte, donde se encuentra en Alaska y en la parte norte de Canadá. En la tundra tiene una distribución de carácter continuo; más hacia el sur ocupa extensiones variables, teniendo que restringirse a lugares cuyo clima congenie con la vida de esta mariposa, es decir, a zonas de alta montaña o a páramos. La presencia de esta especie depende, además, de la existencia o no de la única planta de la que se sabe que se nutre —el arándano de pantano—. Pertenece al grupo de las llamadas especies boreo-alpinas, que tienen una distribución continua en el norte pero variable en el sur, donde se restringe generalmente a zonas montañosas. En Europa central es un vestigio del Período Glaciar. La distribución insular de las diferentes poblaciones conlleva la formación de razas geográficas distintas. Linneo describió la mariposa que se encuentra en Suecia, la llamada ssp. *palaeno* L. En los Alpes habita una raza más pequeña, ssp. *europomene* O., y en los páramos de Europa central habita la ssp. *europome* Esp. La Colias de los Pantanos es relativamente común en los biotopos adecuados, pero cuando estos entornos se destruyen desaparece. Este ha sido el caso en los últimos años debido al aumento de explotación de la turba. La Colias de los Pantanos puede sobrevivir únicamente en aquellos lugares donde su hábitat está preservado, fundamentalmente en reservas naturales. En los páramos destinados a la minería de la turba su suerte está irremisiblemente echada. Es una mariposa preciosa que se merece la protección de fuertes medidas de conservación.

5

3

42

2

La Colias de los Pantanos tiene una envergadura de 40 a 50 mm. Presenta un dimorfismo sexual muy acentuado y dicroísmo: el macho (1) es amarillo brillante con un borde negro perfectamente definido, mientras la hembra es blanquecina con el borde borroso. Cuando está despierta, la hembra (2) levanta su abdomen. Alguna vez es posible encontrar una hembra amarilla —forma descrita como *illgneri*—. Hay una generación al año, y están volando en junio y

4

1

julio. La oruga (3), de color verde, con una línea amarilla a ambos lados del cuerpo bordeada en negro, se alimenta del arándano de pantano. Inverna y en mayo se transforma en una pupa verde. La mariposa adulta eclosiona tras dos o tres semanas. El huevo (5) es de tipo vertical. El gusano mordisquea una abertura en el extremo superior, por donde sale.

43

Limonera
Gonepteryx rhamni L.   Pieridae

La Limonera habita las regiones templadas del Paleártico desde el norte de Africa a través de toda Europa y Asia hasta Siberia del este. Esta llamativa mariposa, ya volando a comienzos de la primavera, es muy conocida, aunque la hembra es de color blanco verdoso y por ello muchas veces se confunde con el grupo de las blancas y con frecuencia pasa desapercibida. La primavera marca el fin de la vida de la Limonera, que es muy larga —prácticamente un año entero—. La mariposa sale de la crisálida en junio o julio y, tras un breve período de actividad, encuentra un lugar donde esconderse en donde pasa el verano estivando. Después de esto, está volando de nuevo a principios del otoño, lo que muchas veces se toma como una segunda generación. En invierno se esconde en cavidades de los árboles, en grietas de las rocas, bajo piedras y, a veces, también entre hojas caídas al suelo. En primavera aparece en los bosques al tiempo que florecen las prímulas, Pulmonaria y "Noble Liverleaf". Este es el período más intenso de su vida. Las mariposas copulan, y las hembras buscan plantas alimenticias donde poner los huevos. De los huevos salen unas orugas verdes que viven de tres a cinco semanas y luego se transforman en crisálidas verdes y angulosas. La vida de la nueva generación comienza dos o tres semanas más tarde.

La Limonera no es una especie muy variable, pero a lo largo de su territorio se han descrito 11 formas geográficas que se diferenciaban, por ejemplo, en la forma de las alas y en el tamaño. Debido a los abusos de la civilización, su número está disminuyendo rápidamente. No se conoce la razón exacta de esta disminución, pero parece probable que la industrialización y la polución en general del medio ambiente sean los máximos responsables.

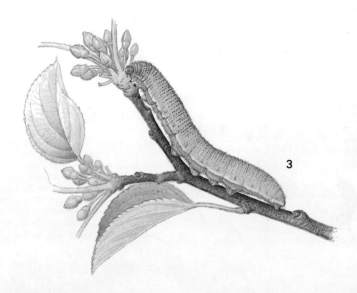

3

La Limonera es una de las pertenecientes al género Colias de mayor tamaño. Su envergadura es de 40 a 55 mm. El macho (1) es amarillo limón sin otras marcas que un lunar rojizo en el centro de cada ala. La hembra, blanco-verdosa (2), se parece más a las blancas, sobre todo en el vuelo. Son típicas las antenas de color violáceo. La "Brimstone" no tiene más que una generación al año. Las mariposas alzan el vuelo desde junio hasta mayo del año siguiente. Por tanto, en este caso inverna el imago. El desarrollo de la oruga (3) es muy rápido y tiene lugar entre mayo y junio. Se alimenta de espino cerval común y espino cerval aliso. La crisálida (4) se mantiene en posición mediante un cinturon de fibra fuerte que rodea la rama y el tórax y por el cremáster que está unido a la rama.

Tornasolada
Apatura iris L.

Nymphalidae

Estas magníficas mariposas pertenecen a la gran familia Nymphalidae, que comprende más de 4.000 especies, que se encuentran fundamentalmente en los trópicos. Sin embargo, Europa tiene unas 70 especies relativamente grandes que destacan por su brillante colorido. La Tornasolada presenta unas escamas especiales que refractan la luz, produciendo un brillo metálico que da la sensación al observador de pasar de un ala a la otra. Este brillo no aparece en las hembras. La Tornasolada se distribuye desde el oeste de Europa a través de las regiones templadas de Asia hasta Japón. Habita bosques extensos de hoja grande. Las mariposas se encuentran generalmente junto a ríos y arroyos y en los bordes de lugares pantanosos y charcas, donde con frecuencia descansan en un suelo húmedo y fangoso; también se instalan en los excrementos de vacas y caballos, o en las ramas de arbustos que cuelgan sobre el agua. En las montañas pueden encontrarse incluso hasta los 1.200 metros.

La Tornasolada Menor *(Apatura ilia* D. et Scha.) es otra especie europea espectacular. Las alas de los machos tienen un brillo azul-violeta; en algunos casos el brillo es rojo-violeta. Esta especie se encuentra en lugares similares a aquellos habitados por el Emperador Púrpura, aunque es más termófila. Se distribuye por la región paleoártica desde España a Japón. Una forma curiosa es la de f. *clytie,* en la que las alas del macho son ocres con un brillo rojizo.

Las dos especies arriba mencionadas son cada vez menos frecuentes en el campo debido al aprovechamiento de las tierras, a la regularización de las vías de agua y a la fumigación de bosques ribereños con pesticidas para controlar a los mosquitos.

durante el invierno y finalizan su desarrollo en primavera. Se alimentan de hojas de varias especies de sauces y de álamo. El estadio de pupa (2) es muy corto —sólo dura dos o tres semanas—, comenzando a finales de mayo.

La Tornasolada Menor (3) tiene una envergadura de 50 a 60 mm; en otras palabras, es ligeramente más pequeña que el Emperador Púrpura. Ella también presenta un acentuado dimorfismo sexual parecido al de la especie anterior. Las mariposas alzan el vuelo desde junio hasta agosto. Las orugas (4) invernan y se alimentan de las mismas plantas que las orugas del Emperador Púrpura. Presentan unas protuberancias interesantes con forma de horquilla en la cabeza (5). Hay una generación al año.

La Tornasolada tiene una envergadura de 55 a 65 cm. El macho (1) difiere de la hembra por el brillo metálico de sus alas. Hay una sola generación al año. Las mariposas alzan el vuelo desde junio hasta agosto. Las orugas están en actividad desde agosto, invernan

1

5

3

4

Ninfa Mayor
Limenitis populi L.

La Ninfa Mayor es una de las mariposas europeas más atractivas y grandes. La parte superior de las alas es en su mayor parte de un negro aterciopelado con manchas naranjas, azules y blanquecinas. La hembra presenta unas manchas blancas prominentes en las alas delanteras y una raya ancha blanca en las alas posteriores. Sin embargo, en la parte inferior de las alas es un auténtico calidoscopio de colores brillantes que no tienen igual en ningún otro sitio de la fauna europea y que constituyen una reminiscencia de las mariposas de los trópicos. En los machos de la f. *tremulae* las manchas blancas de la parte superior de las alas están enormemente reducidas y pueden ser prácticamente invisibles.

La Ninfa Mayor aparece en regiones de bosques desde Francia a través de toda Europa y Asia hasta Japón. También puede encontrarse en las partes más al sur de Escandinavia, aunque no existe en Gran Bretaña ni en el sur de Europa. Es un habitante de los bosques situados en llanuras inundadas templadas y húmedas, donde generalmente puede encontrarse cerca de las charcas. Asimismo, puede aparecer en valles de montañas con vegetación exuberante junto a arroyos, alcanzado alturas de hasta 1.000 y 1.100 metros. En las mañanas soleadas se sitúa en los caminos fangosos de los bosques. También le atraen los excrementos animales y otras materias malolientes. A pesar de todo, la mayor parte del día se queda en las soleadas copas de los árboles. Las hembras en especial sólo se ven en dichas ocasiones. La Ninfa Mayor fue siempre una mariposa relativamene escasa y, desafortunadamente, en los últimos años ha desaparecido completamente en algunas zonas. Unicamente puede encontrarse en lugares donde su hábitat natural ha permanecido intacto o al menos donde el hombre no ha realizado cambios drásticos.

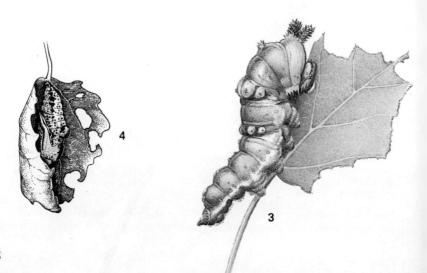

4

3

La Ninfa Mayor tiene una envergadura de 65 a 80 mm. Las hembras son, en términos generales, mayores que los machos (1, 2), y también presentan la parte superior de las alas más vivamente coloreada. Hay una generación anual. Las mariposas alzan el vuelo en junio y julio. Las orugas (3) se alimentan de varias especies de álamo, principalmente de alamo temblón, desde el verano hasta el invierno. Luego se unen a una hoja con una telaraña de fibras de seda e invernan. En el mes de mayo de la primavera siguiente alcanzan su desarrollo total y las mariposas adultas eclosionan tras un breve período de pupa (4).

Ninfa de Bosque
Limenitis camilla L.

Nymphalidae

A pesar de no ser excepcionalmente grandes, las dos especies ilustradas, con marcas distintivas en la parte superior e inferior de las alas, son ambas unas bonitas mariposas. La Ninfa del Bosque, de color negro pardusco, tiene dos líneas de manchas negras en el margen inferior exterior de las alas posteriores. La Ninfa de los Arroyos, muy similar y más oscura *(L. reducta* Stgr.), tiene una sola fila de manchas negras y, además, unas manchas azuladas en la parte superior de ambos pares de alas.

La distribución, de este a oeste, de la Ninfa del Bosque es parecida a la de la Ninfa Mayor, es decir, desde Francia a Japón. También puede encontrarse en el sur de Inglaterra y en el lugar más meridional de Suecia. En la zona sur de Europa, se encuentra también en Italia, a 42° de latitud norte y localmente en varios lugares de la región mediterránea (exceptuando las islas). En zonas montañosas se puede encontrar en alturas de hasta 1.500 metros. La mariposa de la Ninfa de los Arroyos se distribuye por una zona más meridional, incluyendo a España y la zona mediterránea en su totalidad; al este está limitada por el Cáucaso e Irán y su frontera norte atraviesa las regiones más templadas de Centroeuropa.

Las mariposas de ambas especies se encuentran en bosques abiertos, principalmente en enclaves cercanos a arroyos donde se asientan en los profusos matorrales y en las hierbas florecientes. Son muy precavidas y rápidas voladoras. Las orugas se alimentan de varias especies de madreselva e invernan en los matorrales. Su resguardo durante el invierno se denomina invernáculo, y está formado por varias hojas secas unidas entre sí. El gusano alcanza su desarrollo total en primavera y se transforma en una pupa de forma un tanto extraña dotada de cuerpos. El número de individuos de ambas especies ha ido decreciendo rápidamente en los últimos años, y en algunas zonas tanto la Ninfa del Bosque como la Ninfa de los Arroyos han desaparecido completamente.

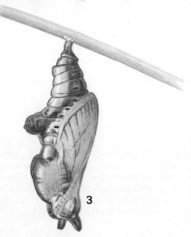

3

La Ninfa de Bosque (1) tiene una envergadura de 45 a 52 mm. El color del macho y de la hembra es idéntico. Hay una generación al año, y las mariposas vuelan desde mayo a julio. La oruga (2) vive desde el verano hasta la primavera siguiente de madreselva y las crisálidas se cuelgan de una rama por la punta de su extremo posterior. La mariposa sale de la pupa (3) tras dos o tres semanas.

La Ninfa de Arroyo (4) tiene una envergadura de 45 a 50 mm. Es completamente imposible distinguir al macho y a la hembra por el color. Hay una generación anual, aunque en la zona más al sur del territorio que ocupa puede haber dos generaciones. Su desarrollo y plantas alimenticias son iguales a las de la especie anterior.

51

Neptis mayor
Neptis rivularis Scop.

Nymphalidae

El género *Neptis* F. posee dos especies termófilas en Europa. Ambas están distribuidas, en primer lugar, en Asia, al este de Japón. En occidente el Planeador Húngaro ocupa una estrecha franja hasta Francia. El territorio que ocupa el Neptis menor *(Neptis sappho* Pall.), que en principio se describió desde el sur del Volga, se extiende en dirección oeste sólo hasta el este de Austria y Checoslovaquia. El Neptis mayor vuela por regiones de tierras bajas con bosques de hoja ancha y gruesa, así como en zonas montañosas de altitudes de unos 1.000 metros. Las mariposas se reúnen con frecuencia en zonas húmedas cercanas a arroyos y riachuelos, donde descansan en el suelo, en matorrales o en plantas florecientes. La mariposa no es especialmente precavida. Vuela planeando sólo en días soleados.

El Neptis menor, que es muy parecido aunque se distingue del anterior en que las marcas blancas de las alas son ligeramente distintas, habita en bosques de hoja grande de regiones templadas de tierras bajas, sobre todo en bosques de encinas con monte bajo de gruesas hierbas. En algunos lugares convive con el Neptis mayor.

Ambas especies son auténticas joyas de la naturaleza y es una pena el que cada vez sean menos frecuentes debido a los efectos de la civilización. Los lugares donde aún aparecen deberían protegerse del insensible manejo ambiental y de los agentes químicos que se utilizan para controlar las plagas de los bosques. De otro modo, los nombres del Neptis mayor y del Neptis menor pronto entrarán a formar parte del *Libro Rojo* de especies en peligro.

El Neptis mayor (1) tiene una envergadura de 42 a 50 mm. El macho y la hembra tienen el mismo colorido. La coloración de la parte inferior de las alas es curiosa (2). Hay una generación anual, con mariposas volando desde finales de mayo hasta julio, a veces incluso en agosto. La oruga vive de *Spiraea* desde finales de la

3

1

2

4

primavera hasta el año siguiente. Inverna
cuando está a medio desarrollar, de forma
que en primavera finaliza rápidamente su
desarro y se transforma en pupa. Es de color
marrón rojizo y tiene cuatro pares de
salientes con puntos amarillos en la zona
dorsal.

El Neptis menor tiene una envergadura de
40 a 45 mm. El macho (3) y la hembra se
diferencia muy poco. Producen dos
generaciones al año. La primera generación
vuela desde mayo hasta julio, y la segunda
de julio a agosto. La oruga, de color
marrón amarillento (4), presenta unos
salientes iguales a los de la especie anterior.
Se alimenta de almorta de primavera. La
pupa, suspendida del cremáster, es corta y
amarillenta, con puntos metálicos y tiene dos
cuernos.

Pavón
Inachis io L.

De las once especies de la subfamilia Nymphalidae que habitan permanentemente en Europa, el Pavón es la más conocida. Es una de las mariposas más populares debido a su llamativo colorido y a los insignes ocelos coloreados que decoran sus alas, parecidos a los de las plumas de los pavos reales. Su parecido se refleja asimismo en el nombre común que reciben en diversos idiomas. Incluso su relativa abundancia no ha disminuido su popularidad. Constituye una de las pocas especies que se ha adaptado a los cambios de escenario que ha causado la civilización y se multiplica sin problemas tanto en las ciudades como en eriales, vertederos, patios de fábricas y lugares similares. Excepto en las regiones polares, se distribuye por toda Europa y las regiones templadas de Asia hasta Japón. En el norte hay una generación al año, pero en las regiones más templadas puede haber dos. Sin embargo, las mariposas gozan de una vida relativamente larga y se pueden ver a lo largo de todo el año. Los imagos invernan y se pueden observar durante el invierno en sótanos, áticos y otros escondites. En primavera son las primeras mariposas que vuelan. Muchas veces, el tiempo soleados las saca de sus encondites cuando todavía hay manchas de nieve en el suelo. Las mariposas visitan con regularidad sauces cabrunos en flor, se solean en los árboles y chupan el néctar de las flores. Las orugas son también llamativas y tiene todo el cuerpo cubièrto de manchas blancas y espinas ramificadas. Viven en comunidades y se alimentan de ortigas, con frecuencia rompiendo sus hojas completamente. La curiosa pupa, de color verde pálido, cuelga de su extremo posterior del tallo o de la rama de una planta cerca del punto donde la oruga pasó su periodo de desarrollo.

2

1

La mariposa Pavón (1) tiene una envergadura de 50 a 60 mm. No hay diferencias de color entre el macho y la hembra. La parte inferior de las alas es prácticamente negra (2). Producen una o dos generaciones al año. Las mariposas vuelan de marzo a junio, y las de la nueva segunda generación revolotean desde julio hasta la primavera siguiente. Parte de este tiempo, en especial los meses de invierno, constituyen un período quiescente durante el cual la mariposa descansa en un lugar oculto. Las orugas (3) se alimentan de la ortiga urticante o de lúpulo en mayo y junio, y a veces también desde julio hasta septiembre (las de la segunda generción). El estadio de pupa (4) es muy corto, y la mariposa adulta sale al cabo de una semana aproximadamente. La forma de los huevos (5) es un tanto especial, tanto visto de lado como desde arriba.

Antíope
Nymphalis antiopa L.

Nymphalidae

Esta preciosa mariposa, una de las más grandes de Europa, habita bosques y parques desde las tierras bajas hasta las elevadas montañas y la línea forestal, a la que alcanza por medio de húmedos valles de montaña. Ocupa una enorme extensión: aparte del sur de España y de las islas mediterráneas se distribuye por los bosques de hoja grande europeos, asiáticos y norteamericanos. La mariposa tiene una vida media extraordinariamente larga. Exceptuando el final de la primavera y el comienzo del verano, en que las orugas se alimentan y las crisálidas descansa, las mariposas adultas pueden verse a lo largo de todo el año. Después de varios meses volando, algunos individuos están hechos una ruina con las alas rotas y decoloradas. Sin embargo, en primavera, después de invernar, incluso aquellos que han sobrevivido más o menos intactos, presentan el margen de las alas más pálido, más descolorido, que en el verano cuando salieron de la pupa. En los años cincuenta la Antíope prácticamente desapareció de Centroeuropa, pero veinte años más tarde su número comenzó a incrementar de nuevo. Todavía no se conoce la causa de esta fluctuación a largo plazo.

La Antíope y la Olmera o Mariposa de los Olmos *(Nymphalis polychloros* L.) invernan en estado de mariposas adultas en cuevas, heniles y áticos de viviendas campestres. Ambas especies vuelan en primavera en cuanto el tiempo comienza a ser ligeramente templado. Succionan el néctar de las flores del sauce cabruno o de la savia que rezuma de los árboles heridos. A finales de verano aparecen con regularidad por las huertas para nutrirse de la fruta demasiado madura que ha caído al suelo. Ambas especies se prestan al cultivo experimental de formas de diferentes colores: la distinta coloración se debe a cambios bruscos de temperatura que tienen lugar justo antes de que la mariposa salga de la pupa.

La Antíope (1) tiene una envergadura de 55 a 75 mm. Hay una generación anual. La mariposa sale en junio y julio, inverna, y la hembra pone sus huevos en primavera. Las orugas (2) agrupadas se alimentan de sauces, abedules y lamos rasgando completamente las ramas de hojas. Antes de transformarse en crisálida, se pasean y dispersan. La pupa (3) es de tipo colgante, y la mariposa emerge tras dos o tres semanas.

2

La Olmera o Mariposa de los Olmos (4) tiene una envergadura de 50 a 55 mm. También tiene una generación al año, que se desarrolla de igual modo que la Antíope. En primavera, las orugas se alimentan de varios árboles y matorrales (sauces, avellanos, cerezos, albaricoqueros), y están considerados como nocivos en las huertas de frutas, ya que también se alimentan de otros árboles frutales. Sin embargo, esta mariposa, como muchas otras, ha disminuido tanto en número que más bien va a ser necesario protegerla que destruirla.

4

3

1

5

57

Ortiguera
Aglais urticae L.

La Ortiguera es una mariposa común incluso en el civilizado mundo actual. Hasta ahora ha sobrevivido con éxito la erosión de su hábitat natural, el humo de las ciudades y la polución industrial. Está ampliamente extendida desde zonas bajas hasta la alta montaña; ha llegado a encontrarse hasta los 5.000 metros. Siendo una buena voladora, se aventura muy lejos en busca de alimento. Cuando los prados alpinos se ponen en flor, visita en grupos de hasta 20 mariposas al tiempo macizos bajos de flores como silene y claveles. Algunas veces las flores de Hieracium y Hierba de Santiago están también todas ocupadas. La Ortiguera se distribuye por toda Europa y Asia y visita incluso la tundra polar. Las mariposas adultas invernan durante el invierno y se pueden encontrar fácilmente en sótanos, pasillos y áticos. Una temporada calurosa en invierno puede sacarlas de su refugio. En los días soleados de la primavera visitan con frecuencia los sauces cabrunos en flor.

Asimismo, la C-Blanca *(Polygonia c-album* L.) también ocupa toda la región paleoártica de Europa y Asia (excepto el norte). Su nombre se deriva del dibujo blanco de la parte inferior de las alas que forma algo parecido a la letra "C" o a una "coma". En este caso también la mariposa adulta inverna. Un porcentaje de la población tiene una sola generación, pero algunas de las orugas se desarrollan rápidamente en una segunda generación de verano, siendo algo distintas en el color, y se denominan f. *hutchinsoni.* Las llamativas orugas y crisálidas se encuentran con frecuencia cerca de los recogedores de lúpulo cuando se encuentran cosechando.

La Ortiguera (1) tiene una envergadura de 40 a 50 mm. Hay dos o tres generaciones al año. Estas se superponen, de forma que hay mariposas adultas volando casi continuamente. Las espinosas orugas gris amarillo viven agrupadas en las ortigas salvajes, así como en las ortigas de los jardines de las ciudades, patios y vertederos, zanjas y en el borde de los campos. Cuando alcanzan su desarrollo completo se cuelgan del abdomen (3) y se transforman en crisálida (4). No existen diferencias en cuanto al color entre la hembra y el macho, ni entre las generaciones que tienen lugar durante el año.

La C-Blanca (5, 6) tiene envergadura de 42 a 50 mm. Existen una o dos generaciones anuales, el imago inverna. Las orugas (7) aparecen solas y se alimentan de ortigas, lúpulo, grosellas y otras plantas. El macho y la hembra son muy parecidos pero, en general, la mariposa exhibe una gran variedad en la coloración y en la forma de las alas (distintos lóbulos profundos y festones).

1

5

3

7

6

Vanessa Atalanta
Vanessa atalanta L.

Nymphalidae

La Vanesa Atalanta es una de las mariposas más bonitas de Europa. Con sus alas negras y sus brillantes manchas rojas es comparable a las extraordinarias mariposas de los trópicos. La oscura parte inferior de las alas presenta unos destellos metálicos que recuerdan a un rico bordado. Sin embargo, en realidad esto es una coloración de protección excelente. Cuando la mariposa descansa con las alas cerradas sobre el tronco de un árbol, es prácticamente invisible. Y cuando de repente abre sus alas, revelando las fogosas marcas rojas, el enemigo se detiene momentáneamente sorprendido y la mariposa escapa. La Vanesa Atalanta es originaria del norte de Africa y del sur de Europa, y el territorio que ocupa se extiende hacia el este hasta Asia central. En verano vive temporalmente por toda Europa. Europa central no es su residencia permanente pero vuela a ella todos los años desde el sur y, en ocasiones, se multiplica de tal forma que a finales del verano es muy abundante. Sin embargo, raramente inverna con éxito al norte de los Alpes.

Su pariente, la Vanesa de los Cardos o Cardera *(Vanessa cardui* L.), es también una conocida emigrante. Se encuentra por todo el mundo, excepto en Sudamérica. A pesar de ello, es originaria de las regiones tropicales y subtropicales, donde puede causar perjuicios en los cultivos agrícolas como, por ejemplo, en las plantaciones de naranjos. Desde allí viaja todos los años a todas las regiones de Europa, incluso a Gran Bretaña y Escandinavia. También se ha visto en Islandia y, de vez en cuando, llama la atención de pasajeros que van en barco por mar abierto.

La Vanesa Atalanta (1, 2) tiene una envergadura de 50 a 60 mm. El macho y la hembra presentan los mismos colores, al igual que la especie siguiente. Las mariposas vuelan desde mayo hasta el otoño, ya que los individuos de diferentes olas inmigratorias se

5

3

entremezclan con los descendientes locales. Las orugas, que tardan cerca de un mes en desarrollarse, también se pueden encontrar a lo largo de la estación de período de crecimiento, se alimentan de ortigas urticantes, son escurridizas y llevan una vida solitaria escondidas entre las hojas de ortigas enrolladas.

La Vanesa de los Cardos (3) tiene una envergadura de 45 a 60 mm. Las mariposas llegan del sur entre abril y junio, y su descendencia vuela hasta octubre. Las orugas (4) se pueden encontrar desde junio hasta septiembre. Se alimentan de cardo, bardana, ortigas y otras plantas tanto salvajes como cultivadas. La crisálida, gris-verdosa (5), se parece a la de las otras especies de Vanessa.

Protea
Araschnia levana L.

Esta es la Vanessa más pequeña de Europa, digna de mención por su maravilloso colorido en la parte inferior de las alas. El macho y la hembra son parecidos, aunque las diferentes generaciones varían en la coloración. La primera generación, f. *levana* L., que vuela en primavera, posee unas alas de color marrón rojizo brillante con manchas negras; la generación del verano, f. *prorsa* L., tiene las alas negras con rayas blanco-amarillas y motas muy variadas. En los años cálidos puede incluso haber una tercera generación, f *porima* O., con un colorido intermedio al de las otros dos anteriores. La pupa inverna.

Se ha descubierto, mediante experimentos en condiciones inducidas artificialmente, que el color de las mariposas depende de la cantidad de luz que reciba la oruga durante su período de desarrollo. Cuando se desarrolla a finales de primanera y principios del verano en que los días son largos, la forma resultante es f. *prorsa*. Si el desarrollo tiene lugar en otoño, en que el número de horas de luz es menor, entonces las mariposas que aparecen son de forma *levana*.

La Protea se extiende por regiones templadas desde Francia a través de Europa y Asia hasta Japón. No aparece en las regiones cálidas del sur tales como España, Italia y Grecia; y tampoco en Gran Bretaña y Escandinavia. Se encuentra en bosques abiertos y prados a lo largo de las orillas de ríos y arroyos. En las montañas sólo se da hasta alturas aproximadas de 1.000 metros. A pesar de que la planta nutricia de la oruga es la omnipresente ortiga, es interesante señalar que esta especie, al contrario que la Ortiguera, que también se alimenta de ortigas, no ha conseguido adaptarse a la vida de la ciudad.

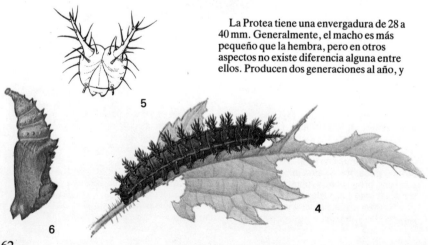

La Protea tiene una envergadura de 28 a 40 mm. Generalmente, el macho es más pequeño que la hembra, pero en otros aspectos no existe diferencia alguna entre ellos. Producen dos generaciones al año, y

5

6

4

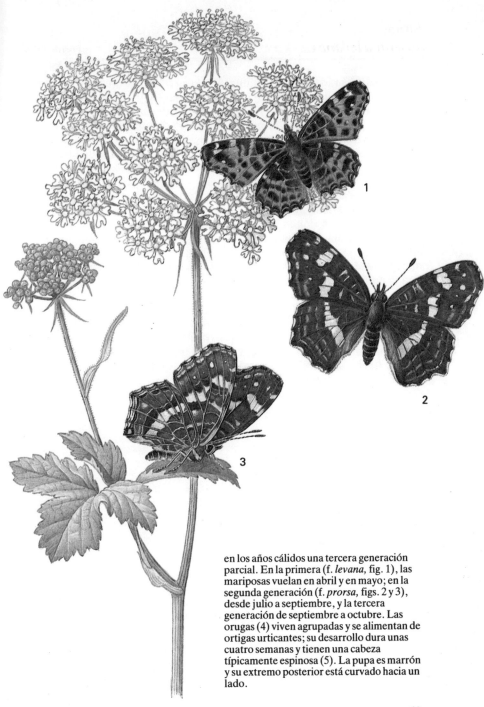

en los años cálidos una tercera generación parcial. En la primera (f. *levana*, fig. 1), las mariposas vuelan en abril y en mayo; en la segunda generación (f. *prorsa*, figs. 2 y 3), desde julio a septiembre, y la tercera generación de septiembre a octubre. Las orugas (4) viven agrupadas y se alimentan de ortigas urticantes; su desarrollo dura unas cuatro semanas y tienen una cabeza típicamente espinosa (5). La pupa es marrón y su extremo posterior está curvado hacia un lado.

Sofía
Issoria lathonia L.

La Sofía es la única especie migradora de entre las menos de 30 especies europeas de la subfamilia Brenthinae. Magnífico volador, aparece todos los años incluso en regiones donde no reside permanentemente como, por ejemplo, en Gran Bretaña y en Escandinavia más allá del Círculo Polar Artico. Por lo demás, el territorio que ocupa incluye el norte de Africa, toda Europa y Asia hasta el Himalaya y China. Es una especie esteparia y bosque-esteparia que prefiere las laderas áridas, caminos campestres, expansiones de tierra pura y bancos de arena. Le gusta descansar y tomar el sol en las tierras calentadas por el sol. Las flores que más visita son los cardos *(Carduus* y *Cirsium),* el aciano y la escabiosa *(knautia* y *Scabiosa).*

Los dos sexos tienen la misma coloración, pero la hembra es mucho mayor que el macho. También existe una pequeña diferencia entre las generaciones de primavera y verano, tanto en tamaño como en color. Las mariposas de la generación de primavera son más pequeñas y presentan una gran expansión verdosa en las bases de las alas. Las mariposas de la generación de verano son más grandes y más rojizas. Las lustrosas manchas perladas de la parte inferior de las alas posteriores (2) brillan mucho más que las de ninguna otra fritillaria. Algunas veces las manchas llegan a unirse para formar bandas continuas (f. *paradoxa).* La Sofía inverna en Centroeuropa sólo en números reducidos. La población aumenta cada año por las que llegan del sur. Las mariposas de la segunda generación (verano) son con frecuencia también bastante numerosas.

4

La Sofía (1, 2) tiene una envergadura de 35 a 45 mm. En la parte norte el territorio que ocupa tiene una o dos generaciones, bien aumentada por las mariposas procedentes del sur o bien formada sólo por éstas. En el sur de Europa se dan dos o tres generaciones. Las mariposas vuelan desde abril hasta junio y de nuevo de julio a septiembre. Las orugas de la primera

generación (3) se desarrollan de mayo a julio; las de la segunda generación lo hacen desde agosto y después invernan, completando su desarrollo en primavera. Las plantas de las que se alimentan son diversas especies de violetas; otras que se incluyen son *Onobrychis* y *Anchusa*. La crisálida (4) se cuelga boca arriba de la planta alimentaria o cerca de ella.

Nacarada
Argynnis paphia L.

Nymphalidae

El zoólogo danés J. C. Fabricius estableció en 1807 el género *Argynnis*. Más tarde, varios científicos dividieron este género en otros tantos géneros separados, así como *Pandoriana, Argyronome, Fabriciana* y *Mesoacidalia*. De las fritillarias europeas sólo la Nacarada permaneció en su género original. Es una mariposa grande y notable que revolotea por ahí en pleno verano en los márgenes forestales, en las zonas claras de los bosques y bordeando riachuelos. Abunda sobre todo en regiones de tierras bajas pero se abre camino a través de los valles hasta alturas relativamente grandes —hasta aproximadamente 1.700 metros—. Un rasgo típico de los veranos europeos son los cardos en flor y el eupatorio con estas mariposas encaramadas en las flores. A pesar de ello, con las incursiones de la civilización y los bosques intensivos, esta especie está en vías de desaparición. En las zonas donde había muchas, su número ha disminuido considerablemente. Un aspecto interesante de su distribución general es que hay un pequeño grupo aislado en Algeria (norte de Africa). Por otro lado, exceptuando el sur de España, la zona norte de Gran Bretaña y Escandinavia, se distribuye por toda Europa y por las regiones cálidas de Asia y Japón.

El macho (1) se diferencia de la hembra (2) por tener franjas de escamas perfumadas a lo largo de las nerviaciones de las alas anteriores. Además, la hembra suele ser más grande y más oscura. Con frecuencia se pueden encontra individuos muchos más oscuros —la forma valesina— entre hembras de coloración normal. La coloración plateada de la zona inferior (3) forma bandas en la expansión verdosa del ala.

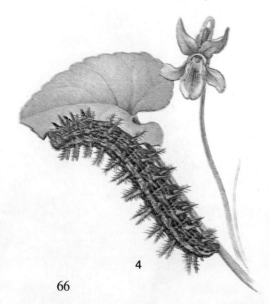

La Nacarada (1, 2, 3) tiene una envergadura de 55 a 65 mm. Presenta un acentuado dimorfismo sexual. Hay una generación al año. Las mariposas adultas vuelan desde junio a septiembre, aunque son más numerosas a finales de julio y comienzos de agosto. La oruga (4) vive desde agosto, inverna y luego se transforma en pupa (5) en

4

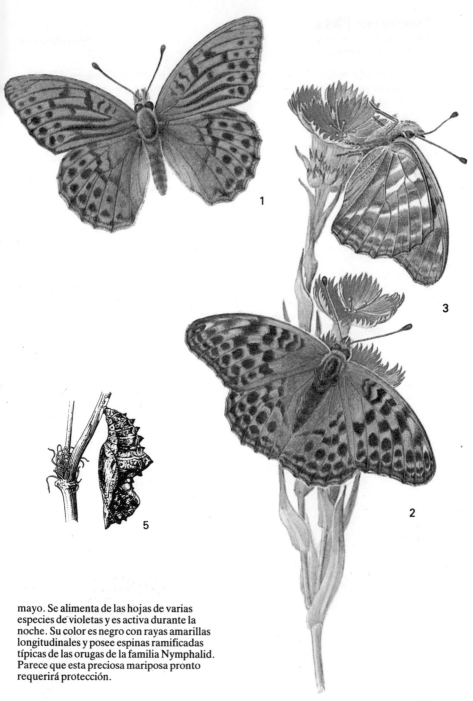

1

3

2

5

mayo. Se alimenta de las hojas de varias
especies de violetas y es activa durante la
noche. Su color es negro con rayas amarillas
longitudinales y posee espinas ramificadas
típicas de las orugas de la familia Nymphalid.
Parece que esta preciosa mariposa pronto
requerirá protección.

Lunares de Plata
Mesoacidalia aglaja L.   Nymphalidae

Del trío de especies similares que actualmente se clasifican en dos géneros diferentes, la Lunares de Plata es la más común y más ampliamente conocida. Se encuentra repartida por toda Europa y por Asia hasta Japón. En Africa sólo aparece en un lugar de Marruecos. Generalmente, se encuentra en zonas forestales, más bien en tierras bajas y regiones montañosas, pero también puede darse en las montañas de hasta 2.000 metros. Sus lugares predilectos son los claros de bosques de hierba, caminos forestales, prados y las riberas cubiertas de hierba, donde bate las alas en su vuelo agitado, posándose de vez en cuando sobre la vegetación baja, tanto en hojas como en flores. Se encuentra con mucha frecuencia sobre las flores de zarzas, aciano, serpol, etc. Una de las características de esta mariposa son las redondas manchas plateadas de la zona inferior de las alas posteriores (2). La hembra es mayor que el macho y la parte inferior de su ala es más oscura.

La Adipe *(Fabriciana adippe* D. et Scha.) y la Níobe *(Fabriciana niobe* L.) ocupan más o menos las mismas zonas que la Lunares de Plata, aunque no se encuentran en la zona norte de Europa; La Níobe tampoco habita en el norte de Africa. Sin embargo, en las montañas aparece en alturas de 3.000 metros. Son especies menos frecuentes, sobre todo la Níobe.

La mejor forma de clasificar a estas fritillarias es por la zona inferior de las alas, donde se pueden ver fácilmente las diferencias en la organización de las manchas plateadas y el dibujo de las otras marcas. La Adipe aparece con frecuencia como la forma cleodoxa, la cual carece de manchas plateadas en la parte inferior de las alas.

La Níobe (5) tiene una envergadura de 42 a 55 mm. Tiende a darse en la forma oscura, sobre todo en las montañas. La vida de la oruga y las plantas de las que se alimenta son iguales a las de la Lunares de Plata y la Adipe.

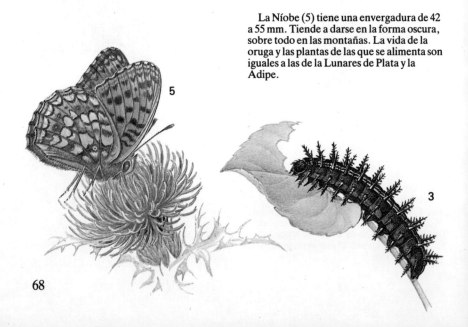

5

3

La Lunares de Plata (1, 2) tiene una envergadura de 50 a 55 mm. y presenta dimorfismo sexual. Tiene una sola generación al año, cuyas mariposas vuelan de junio a agosto. La oruga (3) se desarrolla a partir de agosto e inverna. Completa su desarrollo en mayo del año siguiente y pasa al estadio de pupa. Es negra, espinosa y presenta manchas rojas a ambos lados del cuerpo. Se alimenta de diversas especies de violetas y su fase activa es por la noche. El estadio de pupa dura aproximadamente un mes.

La Adipe (4) tiene una envergadura de 42 a 55 mm. La diferencia entre macho y hembra es menos notable que en el caso de la Lunares de Plata. Es una especie muy variable, tanto individual como zoogeográficamente. Se han descrito varias formas geográficas, como la ssp. *chlorodippe* H.S., ssp. *auresiana Fruh.*, ssp. *norvegica Schulz.*

Laurel Menor
Brenthis ino Rott.

Nymphalidae

Unas 20 especies de las fritillarias más pequeñas son originarias de Europa. A primera vista todas parecen iguales, pero sus características morfológicas, comenzando por la anatomía de su aparato reproductor externo, encajan en varios géneros diferentes. Las distintas especies se distinguen mejor por la coloración y las manchas de la parte inferior de las alas. La Laurel Menor presenta una distribución diseminada por toda Europa y vive desde Asia hasta Japón; no aparece en la cálida región mediterránea, ni en Gran Bretaña, ni en las zonas más al norte de Escandinavia. Habita en prados húmedos y a orillas de terrenos pantanosos, que normalmente son típicos de grandes alturas y regiones frías. Sin embargo, en muchos lugares, la desecación de los prados húmedos, y por tanto la desaparición de su hábitat natural, ha causado una importante disminución en el número de individuos. En zonas donde se podía ver la mariposa era bastante corriente, ahora es algo excepcional y merece la protección de la ley.

La Perlada de los Arándanos Agrios *(Boloria aquilonaris* Stich.) aparece esporádicamente en los terrenos pantanosos de Centroeuropa. Su distribución es continua en las regiones de tundra del norte de Europa. En Asia, su distribución no ha sido todavía suficientemente investigada. El que esta especie siga existiendo o no en Centroeuropa depende de que se conserven o no los terrenos pantanosos en su estado natural. La Perlada de los Pantanos *(Proclossiana eunomia* Esp.) ofrece asimismo en Centroeuropa una distribución esporádica, donde existe como reliquia del período glaciar. Otras zonas donde habita son: norte de Europa, norte de Asia y Norteamérica.

4

La Laurel Menor (1, 2) tiene una envergadura de 32 a 40 mm. Entre la hembra y el macho no existe ni dimorfismo sexual ni diferencia en la coloración. Hay una generación al año cuyas mariposas vuelan en junio y julio. La oruga se encuentra a partir de septiembre hasta mayo del año siguiente sobre pimpinelas, barba cabruna, y diversas zarzas. Algunas veces el huevo inverna y la oruga no se desarrolla hasta la primavera.

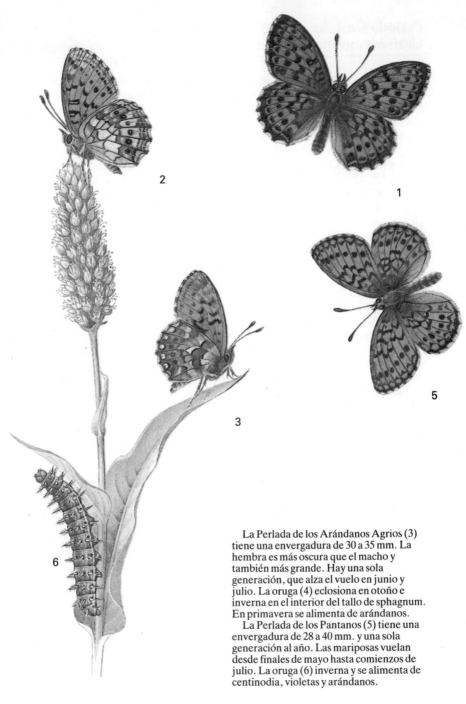

2

1

3

5

6

La Perlada de los Arándanos Agrios (3) tiene una envergadura de 30 a 35 mm. La hembra es más oscura que el macho y también más grande. Hay una sola generación, que alza el vuelo en junio y julio. La oruga (4) eclosiona en otoño e inverna en el interior del tallo de sphagnum. En primavera se alimenta de arándanos.

La Perlada de los Pantanos (5) tiene una envergadura de 28 a 40 mm. y una sola generación al año. Las mariposas vuelan desde finales de mayo hasta comienzos de julio. La oruga (6) inverna y se alimenta de centinodia, violetas y arándanos.

Perlada Castaña
Clossiana selene D. et Sch.

Nymphalidae

Esta pequeña fritillaria se describió por vez primera en las inmediaciones de Viena. A comienzos del siglo xix hubo varios científicos que residían en dicha ciudad que destacaron en la historia de la investigación de mariposas. Describieron las especies que encontraban en los alrededores de Viena. Sin embargo, muchos de estos lugares hace tiempo fueron invadidos por la creciente ciudad.

La Perlada Castaña se distribuye por toda Europa, excepto por la cálida región mediterránea y por Asia, y también se ha observado en Norteamérica. Se encuentra en prados y en los claros y márgenes cubiertos de hierba de los bosques, desde regiones bajas hasta el cinturón alpino, alcanzando alturas de hasta 2.400 metros. Su coloración es muy variada y tiende a producir formas muy oscuras con la coloración marrón-rojiza reducida.

La Perlada Rojiza *(Clossiana euphorosyne* L.) es muy similar y se diferencia de la especie anterior fundamentalmente en la forma y orden de las manchas de la zona inferior de las alas posteriores. El territorio que ocupa es muy parecido pero no se ha visto en América del Norte y en Europa se extiende más al sur.

La Perlada Violeta (*Clossiana dia* L.) tiene la parte inferior de las alas posteriores maravillosamente coloreada, y esto es lo que la diferencia mejor de otras especies similares. Las manchas negras de la parte superior son también mucho más prominentes que en otras especies. Es una mariposa de la estepa forestal y se distribuye por las regiones de clima templado de Europa y Asia hasta China occidental.

La Perlada Castaña (1, 2) tiene una envergadura de 28 a 38 mm. Entre el macho y la hembra no hay diferencias de color. Hay una o dos generaciones al año, dependiendo de la altura y del clima. La mariposa vuela desde mayo hasta julio. Las orugas invernan y se pueden encontrar durante todo el año, ya que las generaciones se superponen. Se alimentan de violetas, fresas salvajes y otras plantas. El estadio de pupa dura tres o cuatro semanas.

La Perlada Rojiza (3) tiene una envergadura de 32 a 40 mm. Hay una o dos generaciones anuales cuyas mariposas vuelan desde abril a julio (dependiendo de la altura) y desde agosto hasta septiembre. La oruga inverna y se transforma en crisálida la primavera siguiente.

72

La Perlada Violeta (4) tiene una envergadura de 27 a 35 mm. La hembra es ligeramente mayor que el macho pero no hay diferencias en cuanto a la coloración. Hay dos o tres generaciones anuales que se

solapan y, por ello, las mariposas adultas pueden encontrarse desde abril hasta octubre. La oruga se alimenta de plantas parecidas a las de las especies anteriores.

73

Doncella Tímida
Melitaea didyma Esp.

Nymphalidae

No resulta nada fácil identificar las 15 especies europeas del género *Melitaea* F. y *Mellicta Billb.* En muchos casos, las manchas de la parte inferior de las alas serán de gran ayuda, pero en otros casos la única forma segura de clasificación consiste en examinr los órganos reproductores, que son bastante complejos en las mariposas de este género. La Doncella Tímida era muy abaundante en las zonas cálidas, secas y cubiertas de hierba de las estepas forestales. Sin embargo, en las últimas décadas ha desaparecido de muchos de sus hábitats y ahora es una especie relativamente rara. Se distribuye por el norte de Africa, Europa del sur y central y hacia Oriente hasta Asia central. La mariposa está vivamente coloreada. Los machos son de un color rojo pardusco brillante con manchas negras. Las hembras son tremendamente variables. Algunas se parecen a los machos; a menudo, su número incluye individuos con algunas manchas amarillentas o con manchas oscuras más extensas. En algunos, el color rojo-pardusco desaparece completamente bajo el tono gris y negro. La coloración varía también según la localidad y por ello se han descrito varias formas geográficas.

La Doncella del Llantén *(Melitaea cinxia* L.) tiene una zonación similar pero se extiende más al norte y hacia el este hasta el río Amur. Se describió según las poblaciones suecas. Es más amante de la humedad, le gustan los prados llenos de arbustos y no es tan abundante como la Doncella Tímida, incluso encontrándose en los biotopos adecuados. Además, su colorido no es tan variable. Se identifica fácilmente por las manchas de la parte inferior de sus alas posteriores.

La Doncella Tímida (1) tiene una envergadura de 30 a 40 mm. Las diferencias entre los sexos están muy acentuadas. El color de la parte inferior de las alas es característico (2). Hay una o dos generaciones al año, dependiendo del clima. Las mariposas vuelan desde mayo hasta junio y de nuevo desde julio hasta agosto. La oruga (3) se desarrolla muy rápidamente en junio, las orugas de la segunda generación invernan. Entre las plantas que constituyen su alimento se encuentran la verónica, la plantaina, el ajenjo, la linaria y la *Stachys recta.* El estadio de pupa (4) dura unas dos semanas.

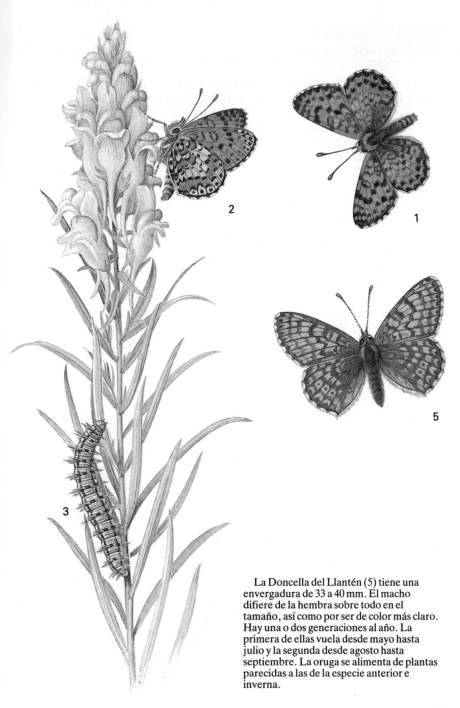

2

1

5

3

La Doncella del Llantén (5) tiene una envergadura de 33 a 40 mm. El macho difiere de la hembra sobre todo en el tamaño, así como por ser de color más claro. Hay una o dos generaciones al año. La primera de ellas vuela desde mayo hasta julio y la segunda desde agosto hasta septiembre. La oruga se alimenta de plantas parecidas a las de la especie anterior e inverna.

Atalía o Doncella Carmín
Mellicta athalia Rott.

Nymphalidae

La Doncella Común es la especie más extendida y abundante de las *Melitaea* y *Mellicta*. Habita la región paleártica|completa,| desde Europa occidental hasta Japón, exceptuando únicamente el norte de Africa. En cuanto a Gran Bretaña, se puede encontrar en algunas zonas del sur de Inglatera. En las montañas puede aparecer hasta alguras de 2.000 metros. Sus mariposas pueden verse en prados floridos, estepas forestales, márgenes de bosques y lugares similares. Es una especie muy variable, tanto individual como geográficamente, y por tanto es difícil diferenciarla de otras especies parecidas (como, por ejemplo, *M. britomartis* Assm., *M. aurelia* Nick. y *M. diamina* Lang.). Las mariposas de las estepas son a menudo muy pequeñas; en hábitants húmedos y terrenos pantanosos están coloreadas de brillantes y oscuros colores. A veces, sólo se pueden diferenciar mediante el examen microscópico de sus características anatómicas. Dentro de sus dominios se han descrito muchas especies originarias de Europa y algunas de Asia; cabe incluso la posibilidad de que exista una especie hermana que se diferencia en la ecología de los estadios larvarios. Quizás algún días se investigue todo esto, suponiendo, desde luego, que la Doncella Común supere las incursiones de la civilización. En tiempos pasados se podían ver con toda facilidad decenas e incluso cientos de estas mariposas reunidas en los charcos de los campos o en la tierra mojada junto a los arroyos absorbiendo el agua, pero hoy día esto es muy poco frecuente. La Doncella Común está desapareciendo, probablemente debido a la polución ambiental, y desaparece incluso de zonas como tierras protegidas y parques nacionales.

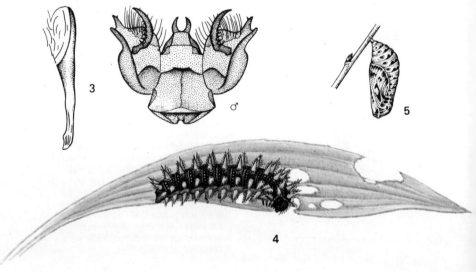

3

♂

5

4

La Doncella Común (1) tiene una envergadura de 25 a 38 mm. No existe diferencia alguna en el color del macho y de la hembra. Algunos rasgos típicos son el dibujo de la parte inferior de las alas (2) y los órganos reproductores (3). Tienen dos generaciones al año, aunque a veces se consideran como una única y larga generación. Las mariposas se pueden encontrar continuamente en zonas salvajes de mayo a septiembre. De igual modo, las orugas (4) de diversas edades se pueden encontrar a la vez y esto hace que sea imposible de distinguir entre las generaciones, si es que realmente hay más de una. El estadio larvario es la fase de invernación. La oruga se alimenta de plantaina, "cow-weed", aciano y hierbas de los prados. La mariposa sale de la pupa (5) tras una o dos semanas.

77

Doncella del Aligustre
Euphydryas maturna L.

Nymphalidae

Europa es el hábitat de seis especies del género *Euphydryas* Scudd., pero sólo dos, la Doncella del Aligustre (*E. maturna,* L.) y la Doncella de Ondas Rojas (*E. aurinia* Rott.), se encuentran comparativamente ampliamente distribuidas. El resto tienen una distribución diseminada en zonas de alta montaña —bien en el norte de Europa o en la región mediterránea occidental—, tanto en el continente europeo como en el africano. La Doncella del Aligustre se encuentra en Europa en la parte norte de los Alpes, pero su distribución es discontinua ya que habita en tierras bajas húmedas y en bosques ribereños que no existen ni en las zonas montañosas ni en las regiones secas. Esta preciosa mariposa, tan vivamente coloreada, es una auténtica joya, pero las condiciones apropiadas para su existencia están continuamente deteriorándose. Hoy día aparece en mayores cantidades sólo en localidades aisladas y, a pesar de estar fuertemente protegida, está en peligro de extinción en algunos países.

La oruga tarda dos años en completar su desarrollo. Inverna dos veces, lo cual no es muy frecuente en las mariposas. La hembra pone huevos agrupados y las orugas, al principio, permanecen juntas en el nido de la comunidad; también inverna allí la primera vez. Sólo después de invernar se separan, invernando por segunda vez en solitario cuando están ya prácticamente desarrolladas. En la primavera del tercer año se alimentan durante un breve período y luego se transforman en pupa. La pupa cuelga boca abajo del cremáster y la mariposa aparece dos semanas después. Las mariposas vuelan sólo los días que sale el sol. Se posan sobre las flores blancas de las plantas umbelíferas y alheña y sobre el follaje de árboles y arbustos. Tienen una vida media relativamente corta, de 10 a 14 días, el tiempo justo para cumplir su cometido de producir una nueva generación.

4

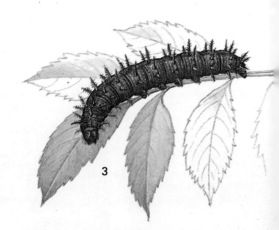

3

La Doncella del Aligustre tiene una
envergadura de 35 a 42 mm. El macho (1) es
más pequeño que la hembra (2) y está más
vivamente coloreado. Una generación tarda
dos años en desarrollarse, lo que significa

2

1

que las mariposas que se encuentran cada
año pertenecen a generaciones alternas.
Vuelan en mayo y junio. El desarrollo de la
oruga (3) dura hasta la primavera del tercer
año. Al principio se alimenta de distintos
álamos y luego de plantaina, escabiosas de
campo, verónica, fresnos jóvenes y otras
plantas. Es negra y espinosa, a veces con
manchas amarillas en la zona dorsal y en los
laterales. La pupa (4) es negra y blanca.

Medioluto Norteña
Melanargia galathea L.

Satyridae

De las seis especies de *Melanargia Meig.* que se encuentran en Europa, sólo la Medioluto Norteña está ampliamente distribuida. Excluyendo las regiones septentrionales que habita por todo Europa, incluyendo el sur de Inglaterra, el norte de Africa y el este, sus dominios llegan hasta el Cáucaso. Se pueden encontrar algunas especies relacionadas en áreas pequeñas del sur de Europa y norte de Africa, así como localmente en algunos puntos de Asia.

La Medioluto Norteña se describió según una especie de Centroeuropa. Sin embargo, es una especie muy variable y existen muchas formas geográficas relativamente diferentes a lo largo de todo su hábitat; así, por ejemplo, está la ssp. *lachesis* Hb. al sur de Francia y ssp. *lucasi* Rmbr. al norte de Africa. Los individuos también varían muchísimo. Algunos especímenes tienen unos dibujos muy elaborados de pardo a negro sobre un fondo blanco amarillento, en ocasiones espolvoreados de un color más oscuro (f. *procida*). Tampoco es extraño encontrar formas con fondo de color amarillo.

La Medioluto Norteña vive en campos bastante secos, estepas forestales, bordeando bosques y en claros de hierba abundante, así como en vertederos cercanos a viviendas en construcción y a orillas de la carretera, siempre que no haya sido exterminada por los peticidas. Esta es también la razón fundamental por la cual está desapareciendo de las granjas. Sin embargo, lo que también contribuye al decaimiento general de su número es la polución generalizada, desde las emisiones industriales a los desperdicios. A pesar de que esta mariposa puede encontrarse a la altura de hasta 2.000 metros (en el sur de Europa) o 1.500 metros (en Europa central), el centro de su distribución son las tierras bajas y las regiones accidentadas, especialmente aquellas zonas con vegetación variada y bosques intermitentes.

4

La Medioluto Norteña (1) tiene una envergadura de 37 a 52 mm. La hembra es mayor que el macho, y las manchas de la parte inferior de sus alas no son tan acentuadas (2). Las antenas son ligeramente más gruesas en los extremos y los palpos labiales tienen forma de "S" (3). Presentan una generación al año, que revolotea durante un tiempo relativamente largo, desde junio hasta agosto. Las hembras alzan el vuelo un poco después que los machos. El desarrollo de la oruga durante el verano es muy lento y sólo concluye tras la invernación. Se alimenta de diversas hierbas como la anea, bromus, "soft-grass", agropyron y "meadow grass". Se transforma en pupa en mayo y junio. La pupa (4) tiene dos manchas negras en la zona frontal. Está suelta en el suelo, normalmente en una mata de hierba. La mariposa sale al cabo de un mes aproximadamente.

1

2

3

Rey Mozo
Brintesia circe F.

Satyridae

La familia de las pardas tiene unas 1.500 especies conocidas mundialmente; de éstas, aproximadamente 100 se encuentran en Europa. Las opiniones en cuanto a la posición de esta familia difieren ampliamente. Algunas utoridades la clasifican como mera subfamilia —la Satyridae— de la familia Nymphalidae. Sus miembros son de moderadamente grandes a muy grandes, unidos casi exclusivamente a hierbas. Con frecuencia habitan en áreas muy accidentadas en el mismo límite de la existencia, tales como biotopos de alta montaña cercanos a nieves y hielos perpetuos, regiones polares, o, en el extremo opuesto, rocas áridas, bancos de arena y bordes de desiertos.

La Rey Mozo es la mariposa parda más grande de Europa. Sus dominios incluyen las partes cálidas de Europa y Asia y se extienden hasta el Himalaya. Inexistente en las zonas altas de las montañas, se encuentra en las estepas forestales, sobre todo en bosques secos de roble, donde le gusta descansar sobre las ramas, o en los gruesos troncos de los árboles. El colorido de la parte inferior de las alas se parece mucho a este entorno (2) (ejemplo de coloración protectora), de forma que cuando cierran las alas la mariposa queda prácticamente invisible. Es interesante señalar en las especies pardas grandes su instinto territorial, con el cual los machos defienden su territorio contra otros de la misma especie.

La Banda Curva *(Hitparchia fagi* Sc.), menos llamativa que la anterior, también frecuenta hábitats cálidos similares, y su distribución en Europa y su tipo de vida son prácticamente iguales a los de la Rey Mozo.

La Rey Mozo tiene una envergadura de 55 a 65 mm. La hembra es más grande que el macho (1, 2) y tiene unas bandas pálidas en las alas más acentuadas. Tienen una generación anual que vuela en junio y julio. Las mariposas vuelan planeando y son tan descuidadas que uno no debe ni siquiera intentar acercarse a ellas. Cuando el sol no brilla descansan en lugares escondidos. La oruga tiene forma de huso y cuerpo cubierto de rayas. Comienza a desarrollarse en verano hasta que inverna y luego continúa su desarrollo al año siguiente hasta junio. Se alimenta de hierbas, principalmente de ballico y de bromus y comienza su actividad por la noche. La pupa es gruesa y de color

2

82

pardo rojizo con puntos amarillos. Está libre
en el suelo. La mariposa sale al cabo de dos
o tres semanas.

La Banda Curva tiene una envergadura de
60 a 70 mm. La hembra está más vivamente
coloreada y es mayor que el macho (3). El
primer par de patas está atrofiado (4) y es
mucho más pequeño que los otros pares (5).
Tienen una sola generación al año. Las
mariposas vuelan desde junio hasta agosto.
La oruga comienza su desarrollo en verano y
lo finaliza en junio del año siguiente. Se
alimenta de "soft grass", festuca y otras
hierbas.

Sátiro Común
Hipparchia semele L.   Satyridae

Exceptuando algunas islas mediterráneas y el norte de Escandinavia, esta especie se encuentra distribuida por toda Europa, llegando a extenderse aproximadamente hasta Armyanskaya (Armenia). Todavía no se ha investigado su existenia en Asia oriental. La Sátiro Común es una mariposa de zonas bajas y sólo en contadas ocasiones se puede encontrar en las montañas. A pesar de que solía ser una mariposa relativamente común en campos y estepas, actualmente es una especie en peligro y sólo vive en ciertas localidades. Prefiere los bancos de marga y arena, donde se instala en el suelo y toma el sol. Cuando cierra las alas (2) se integra perfectamente en su entorno y es muy difícil de encontrar, incluso si se ha observado donde se posó. Se han descrito varias formas geográficas dentro de la zona donde se distribuye, ya que hasta las poblaciones que ocupan distintas áreas pueden ser ligeramente diferentes según el clima local.

En hábitats muy calientes, principalmente en bancos pedregosos, rocas y estepas rocosas, también se puede encontrar la Banda Oblicua *(Chazara briseis* L.) junto a la Sátiro Común. La Banda Oblicua se distribuye por Africa del norte, centro y sur de Europa y Asia hasta las Montañas Altai y Pamir. Es una de las mariposas más variables y, dentro de la extensión que ocupa, hay muchas formas geográficas diferentes no sólo en el tamaño total, sino también en el tamaño de las pálidas manchas que lucen sobre sus oscuras alas. Entre las formas individuales, la f. *pirata* es digna de mención: las hembras tienen las manchas naranjas en lugar de blanquecinas.

La Sátiro Común (1, 2) tiene una envergadura de 48 a 55 mm. Presenta un acusado dimorfismo sexual. El macho es de color pardusco y carece de manchas prominentes en la parte inferior de las alas. Las hembras (1) tienen unas manchas ocre-amarillas en las alas y son, por tanto, mucho más vistosas. Hay una generación al año, pero las mariposas vuelan durante mucho tiempo: de julio a septiembre. La oruga (3) inverna y alcanza su madurez en junio. Se alimenta de diversas hierbas, sobre todo de deschampsia festuca ovina y "meadow grass".

5

84

4

1

2

3

La Banda Oblicua (4, 5) tiene una
envergadura de 45 a 60 mm. La hembra (4)
es más grande y más llamativa que el macho.
Hay una generación al año. Las mariposas
vuelan de junio a septiembre, pero son más
abundantes a finales de verano. El
desarrollo de la oruga es igual que en la
especie anterior. Se alimenta de diversos
tipos de *Sesleria* y otras hierbas termófilas.

Ocelos Azules
Minois dryas Sc.

Satyridae

Es ésta una mariposa interesante que se distribuye por las regiones templadas de Europa y, a través de toda Asia, hasta Japón. Sus dominios europeos están limitados aproximadamente por los paralelos 42 y 54 de latitud norte, de tal forma que la Ocelos Azules viven en la parte norte de la Península Ibérica, pero no al sur ni en el centro de España. Tampoco habita en las Islas Británicas y Escandinavia; sólo en los estados bálticos se extiende un poco más al norte. En la zona mediterránea no existe ni en las islas, ni en gran parte de Italia ni en Grecia. Por tanto, se puede decir que en Europa presenta una distribución un tanto diseminada; sin embargo, en sus localidades, relativamente circunscritas, puede llegar a ser bastante numerosa. Se puede encontrar en laderas de arbustos, en claros de bosques cubiertos de hierba, en estepas forestales y en brazales, desde las zonas de tierras bajas hasta alturas de 1.500 metros aproximadamente.

El vuelo de la Ocelos Azules es muy típico, ya que la mariposa salta arriba y abajo en el aire. Mientras vuela, parece una mariposa tremendamente negra, pero en realidad es pardo-oscura con manchas oculares azules bordeadas en negro en las alas delanteras. Se posa con frecuencia en matas de serpol, sobre las flores de la mejorana y sobre otras plantas que florecen en pleno verano. Desgraciadamente, en muchas localidades donde anteriormente era una mariposa abundante ahora ha desaparecido, y en las zonas donde aún existe sus posibilidades de sobrevivir son ínfimas.

La Ocelos Azules tiene una envergadura de 45 a 60 mm. La hembra (1) es mayor que el macho (2) y sus manchas oculares son más definidas. Las mariposas (como ocurre en otras especies marrones) presentan las nerviaciones engrosadas en la base de las alas formando vesículas hinchadas (3). Las mariposas de la única generación vuelan desde julio hasta septiembre. La oruga (4)

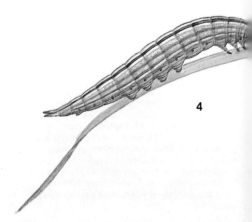

4

inverna y luego se transforma en pupa entre
mayo y junio. Es de color gris amarillento
con rayas marrones laterales y comienza su
fase activa por la noche. Se alimenta de
diversas hierbas, principalmente de avena
loca. La pupa es parda con el extremo
posterior un poco más claro. Se encuentra
dentro de un capullo que permanece libre en
el suelo.

2

1

3

Erebia Clara de Esper
Erebia aethiops Esp.

Satyridae

Hay más de 40 especies europeas del género *Erebia*, y todas ellas forman un grupo de mariposas distinguido, tanto en general como dentro de la familia Satyridae. Las especies individuales tienen un aspecto muy similar. Las mariposas son de un tamaño que está entre relativamente pequeñas a moderadamente grandes, de color pardo negruzco, con manchas oculares más o menos definidas por un borde exterior tanto en la parte superior como en la parte inferior de las alas. También sus requerimientos ecológicos son un tanto especiales. La mayoría viven en altas montñas. Algunas especies son originarias de regiones polares, donde las condiciones climáticas son tan duras como en las montañas. Sólo unas pocas habitan en regiones más cálidas y pueden encontrase incluso en zonas de tierras bajas. Una de ellas es la Erebia Clara de Esper. En Europa sólo existe en Escocia. De igual modo, no existe tampoco en la región mediterránea. Por otro lado, se distribuye por toda la zona templada desde Francia hasta Siberia. Generalmente, se encuentra en campos accidentados, en bosques abiertos y en laderas de hasta 2.000 metros.

Otra especie de zonas altas es la Erebia Ligea *(Erebia ligea* L.), que se limita a los bosques de los valles de exuberante vegetación hasta alturas de unos 1.000 metros. Se distribuye desde Francia hasta Japón y se encuentra también en Escandinavia. Sin embargo, no aparece en las llanuras de la parte norte de Alemania. A niveles superiores, en la zona de picea, se encuentra la Erebia Euryale *(Erebia Euryale* Esp.), especie muy similar, con la parte inferior de las alas más vivamente coloreada. Su distribución por las montañas europeas es bastante diseminada, aunque no existe en la zona norte de Europa. Hacia oriente, se extiende hasta las montañas Altai.

La Erebia Clara de Esper (1) tiene una envergadura de 37 a 48 mm. El macho y la hembra son muy parecidos. La coloración de la parte inferior y superior de las alas es la misma. Las mariposas de la única generación anual existente vuelan desde julio hasta comienzos de agosto, dependiendo de la altura. La oruga inverna. Se alimenta de "annual meadow grass", dactyllis, "velvet bent", etc.

4

La Erebia Ligea (2, 3) tiene una envergadura de 37 a 45 mm. y usualmente marcas blancas en la superficie inferior de las alas posteriores (3). La hembra es mayor que el macho y sus manchas oculares son más prominentes. Las mariposas, de única generación, vuelan de junio a agosto. La oruga se alimenta de hierbas rastreras y mijo, e inverna.

1

3

2

La Erebia Euryate (4) tiene una envergadura de 33 a 40 mm. Se parece a la especie anterior, pero la parte inferior de sus alas está más vivamente coloreada, sobre todo en la hembra. Las mariposas de la única generación vuelan en julio y agosto. La oruga se alimenta de diversas hierbas de montaña.

Erebia de Montaña
Erebia epiphron Knoch.

La Erebia de Montaña constituye una típica representación de la fauna europea de montaña. No se encuentra en ningún otro sitio. No existe ni en Finlandia ni en Escandinavia. Se encuentra en una parte limitada de Escocia y en las montañas de Inglaterra, y, por otra parte, se distribuye por los Pirineos, Alpes, Cárpatos y Balcanes a alturas de 1.000 a 2.000 metros. Su diseminada y aislada distribución ha dado lugar a la evolución de varias formas geográficas que se diferencian en el tamaño y en las manchas. La Erebia de Montaña es una de las muchas especies del género *Erebia* que habitan las montañas de Europa. Algunas de ellas se encuentran solamente en los Alpes en zonas aisladas. Están adaptadas a las duras condiciones de las montañas y pueden incluso habituarse a bruscos descensos de temperaturas y a las tormentas de nieve en mitad del verano. Las orugas están también adaptadas a los rigores de este entorno y se alimentan de las fuertes hierbas de montaña. A menudo no finalizan su desarrollo en una sola estación y entonces éste continua al año siguiente tras un período de invernación.

Las otras dos especies que aparecen ilustradas son también mariposas de montaña que se encuentran a alturas incluso superiores. La Erebia de Borkhausen (*Erebia pandrose* Bkh.) aparece entre 1.600 y 3.000 metros. Unicamente en Noruega, más allá del Circulo Polar Artico, desciende al mar. Asimismo, se encuentra en las montañas de Asia central. Siendo una especie muy variable, forma subespecies llamativamente coloreadas en las diversas distribuciones montañosas. La Erebia Sedosa (*Erebia gorge* Hb.), como la ringlet anterior, vive a alturas de 1.500 a 3.000 metros en las montañas europeas. Prefiere los lugares rocosos y pedregosos y se posa en las flores de montaña que crecen en la hierba entre las rocas.

La Erebia de Montaña (1) tiene una envergadura de 30 a 35 mm. No hay gran diferencia entre el macho y la hembra, aunque esta última presenta la zona de manchas oculares de la parte superior de las alas más destacada. Hay una generación anual que vuela en julio y agosto. La oruga comienza su desarrollo en otoño y lo finaliza en la primavera siguiente. Se alimenta de diversas hierbas, fundamentalmente de koeleria.

La Erebia de Borkhausen (2) tiene una envergadura de 38 a 45 mm. La hembra es mayor que el macho y tiene más manchas oculares en las alas. Además, la parte inferior de sus alas ofrece un mayor contraste de colores (3). Hay una generación

al año. Las mariposas vuelan en los días
soleados en julio y agosto. La oruga se
alimenta de hierbas.

La Erebia Sedosa (4) tiene una
envergadura de 35 a 40 mm. El colorido de la
parte inferior de las alas es típico de esta
mariposa (5). El período de vuelo y el
desarrollo de la oruga son iguales a los de la
especie anterior.

Loba
Maniola jurtina L.

Actualmente la Loba sigue siendo una de las mariposas europeas más comunes. Se puede ver volando en los prados, márgenes de los bosques, claros de tierras forestales cubiertos de hierba y en las estepas forestales. Es también uno de los pocos habitantes de los campos de pastos y de los varios lugares con hierba como los parques de las ciudades, recreos, zanjas que bordean las carreteras, terraplenes de tren y presas. El vuelo de esta mariposa, de tamaño medio y de colorido discreto, es relativamente lento y agitado, y, con frecuencia, se posa en las flores de los prados. Las marcas de las alas son muy variables y algunos individuos tienden incluso a ser albinos, aunque suelen ser albinos sólo parcialmente. La Loba se distribuye prácticamente por toda Europa y por el norte de Africa. En el único lugar en que no aparece es en la zona norte de Escandinavia. Se considera que la región Ural es el límite oriental de su territorio.

La Lobito *(Hyponephele lycaon* Kühn), relacionada con la anterior, se distribuye desde España por Europa central y sur hasta el centro de Asia. Es más termófila y menos común que la "Meadow Brown". Sólo se encuentra en los biotopos de hierbas secas. Aparentemente, no se adapta fácilmente y, por tanto, ha desaparecido de muchos lugares en las últimas décadas. La Lobito Agreste *(Pyronia tithonus* L.) también está desapareciendo gradualmente en Europa. Se extiende desde España hasta el Cáucaso, e incluye las Islas Británicas; sin embargo, no aparece al noreste de Europa.

La Loba tiene una envergadura de 40 a 48 mm. Presenta un acusado dimorfismo sexual. El macho (1) es marrón, la hembra (2) tiene unos colores más vivos. Hay una generación anual, aunque excepcionalmente puede haber dos. Se pueden observar las mariposas en zonas salvajes desde junio hasta septiembre, y a las orugas (3), que viven escondidas entre la hierba, desde otoño a mayo. Las orugas invernan y se alimentan de diversas hierbas.

La Lobito (4) tiene una envergadura de 37 a 43 mm. El macho se parece al de "Meadow Brown"; la hembra es claramente distinta —presenta dos manchas oculares en las alas anteriores—. Las mariposas de la única

4

1

2

3

5

generación vuelan desde junio hasta agosto. La oruga se alimenta de la suave "meadow grass" y otras hierbas e inverna.

La Lobito Agreste (5) tiene una envergadura de 30 a 38 mm. La hembra es mayor y más pálida que el macho. Las costumbres y el desarrollo son iguales que en las especies anteriores.

93

Sortijitas
Aphantopus hyperantus L.   Satyridae

La Sortijitas es un habitante típico de los bosques abiertos, de los márgenes de los bosques, claros de los bosques y campos de matorrales con setos de zarzamora. En estos biotopos se pueden ver en grandes cantidades desde junio hasta finales del verano. La mariposa no es cautelosa. Se posa en todo tipo de flores, así como en las hojas de los matorrales. El límite sur de sus dominios en Europa es aproximadamente el paralelo 42. En el norte se distribuye por toda Gran Bretaña e Irlanda exceptuando los extremos más al norte. En Finlandia y Escandinavia al límite norte se encuentra aproximadamente a 62 grados de latitud norte. La Sortijitas se encuentra, sobre todo, en regiones de tierras bajas y alturas medias. Normalmente, en las montañas no se encuentra a alturas por encima de los 1.500 metros.

El género *Coenonympha* Hb. incluye a la especie más pequeña de la familia Satyridae. En Europa habitan 13 especies. Entre éstas, la Ninfa de Linneo o Níspola *(Coenonympha pamphilus* L.) es la más común y la más ampliamente distribuida. Se puede encontrar en toda clase de biotopos de hierba, donde sus modestas necesidades son fácilmente satisfechas. Esta es la razón por la cual es también relativamente abundante en campos de cultivo, en los parques de las ciudades y zonas de recreo, en terraplenes de hierba y al borde de las carreteras. Sus dominios son inmensos, abarcando prácticamente todo el paleoártico occidental desde Africa y España hasta Siberia. En las regiones montañosas no son tan abundantes, aunque se pueden encontrar en alturas de hasta 2.000 metros.

6

La Sortijitas tiene una envergadura de 35 a 42 mm. El macho (1) es pardo-negro con manchas oculares poco llamativas en la parte superior de las alas. La hembra (2) es mayor y tiene un matiz ligeramente más pálido, con manchas oculares negras delimitadas en naranja. La parte inferior de las alas es igual en ambos sexos (3). Hay una generación al año y las mariposas vuelan desde junio hasta septiembre. Las orugas se pueden encontrar desde el otoño hasta mayo en diversas hierbas.

5

2

1

4

3

La Níspola (4) tiene una envergadura de 23 a 33 mm. La principal diferencia entre el macho y la hembra estriba en el tamaño. El desarrollo de la oruga es relativamente rápido y hay dos o tres generaciones al año; en climas más fríos no hay más que una. Las orugas (5) se pueden encontrar durante todo el año porque las generaciones individuales se entremezclan. Se alimentan de cola de perro, "meadow grass", anthoxanthum y otras hierbas. La pupa (6), con rayas negras, se cuelga de las hierbas por el cremáster. La oruga inverna.

Mariposa de los Muros o Maculada
Pararge aegeria L.

Satyridae

Si paseas en un día soleado de primavera por un bosque de hoja grande es posible que veas una llamativa mariposa revoloteando dentro y fuera, entre los troncos de los árboles y las ramas desnudas. Es la Mariposa de los Muros, que se distribuye a lo largo de una vasta extensión de tierras, desde el norte de Africa, atravesando toda Europa, hasta el centro de Asia. Debido a que habita en bosques de hoja grande, fundamentalmente de roble y de haya, en Europa vive sólo en zonas de hasta 1.000 metros de altura y en el norte de Africa hasta 2.000 metros todo lo más. También es interesante observar que la ssp. *aegeria* L., originaria de las zonas meridionales del territorio descrito, tiene las expansiones pálidas de las alas de color naranja, mientras que la ssp. *tircis* Butl. *(egerides* Stgr.), que se encuentra en Europa central, las tiene de color amarillo pálido. La Maculada prefiere la sombra parcial de los bosques abiertos de hoja grande y es bastante abundante en su territorio, donde es posible encontrarla desde primavera hasta el otoño.

Otra mariposa importante de los bosques es la Pedregosa *(Lasiomata maera* L.), con una clara tendencia por los claros de bosque cubiertos de hierba, caminos forestales y prados de los bosques. Esta también ocupa un territorio enorme, parecido al de la especie anterior, que se extiende por Asia hasta los Himalayas. En cuanto a Europa, no se encuentra en las Islas Británicas ni en las zonas noroeste del continente, así como tampoco habita en algunas islas mediterráneas. En las zonas montañosas aparece hasta los 2.000 metros, donde vuela en compañía de otra especie de montaña muy similar: la Pedregosa Menor (L. *petropolitana* F.). Como la mayor parte de los Satyridae, la Pedregosa muestra una gran variabilidad respecto a las manchas de las alas.

La Maculada (1) tiene una envergadura de 32 a 42 mm. Normalmente hay dos generaciones anuales, y en el sur puede incluso haber más. Dependiendo de la llegada de la primavera, la primera generación vuela desde marzo hasta junio y

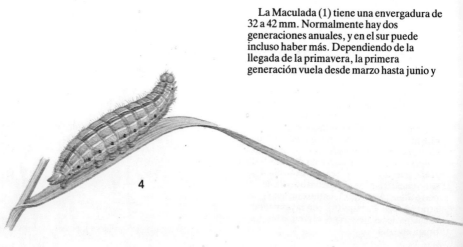

4

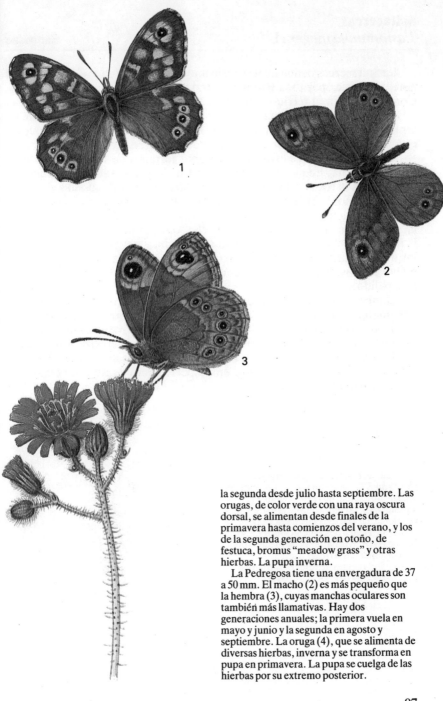

la segunda desde julio hasta septiembre. Las orugas, de color verde con una raya oscura dorsal, se alimentan desde finales de la primavera hasta comienzos del verano, y los de la segunda generación en otoño, de festuca, bromus "meadow grass" y otras hierbas. La pupa inverna.

La Pedregosa tiene una envergadura de 37 a 50 mm. El macho (2) es más pequeño que la hembra (3), cuyas manchas oculares son también más llamativas. Hay dos generaciones anuales; la primera vuela en mayo y junio y la segunda en agosto y septiembre. La oruga (4), que se alimenta de diversas hierbas, inverna y se transforma en pupa en primavera. La pupa se cuelga de las hierbas por su extremo posterior.

97

Saltacercas
Lasiommata megera L.

La Saltacercas ocupa un territorio muy amplio, que se extiende desde el norte de Africa por toda Europa central y del sur hasta el centro de Asia. Comparado con el territorio de otras especies de *Lasiommata* Westw., el de la "Wall Brown" se sitúa ligeramente más al sur, excluyendo el norte de Gran Bretaña y las zonas más al sur de Escandinavia. Esto se debe a que no es una especie forestal. Se encuentra, sobre todo, en terraplenes pedregosos, en el campo, en tierras de barbecho, terrenos de marga y gravilla y dunas de arena. Le gusta descansar en el suelo y más aún en mojones, tapias, piedras y rocas. La coloración de la parte inferior de sus alas se adapta a este entorno, y, cuando se posa con las alas cerradas, la mariposa combina perfectamente con su entorno. La parte superior de las alas está vivamente coloreada. Las manchas del macho son ligeramente distintas a las de la hembra —el macho presenta una raya ancha y negra de escamas de color muy llamativa en la parte superior de sus alas delanteras— y normalmente es más pequeño que la hembra. El fondo de color de la hembra es más pálido.

Linneo describió la Saltacercas en base a los especímenes de Austria y Dinamarca. Dicha forma se distribuye por toda Europa, y en áreas con condiciones especialmente favorables se da con relativa abundancia. Parecería que ni siquiera las modernas intervenciones de la civilización en la naturaleza han influido mucho en su número. En las islas mediterráneas de Córcega y Cerdeña se encuentra una especie ligeramente distinta: la ssp. *paramegaera* Hb.

La Saltacercas tiene una envergadura de 35 a 45 mm. Presenta un acusado dimorfismo sexual entre el macho (1) y la hembra (2). Sin embargo, la coloración de la parte inferior de las alas es la misma en ambos sexos (3). Tienen dos generaciones al año; las que viven en la parte sur de su territorio pueden tener hasta tres. La primera generación vuela en Europa desde abril a junio, la segunda desde julio hasta

septiembre. La oruga (4) es verde con
pálidas líneas dorsales. Se alimenta de
diversas hierbas como festuca, bromus,
raigrás y "meadow grass". La pupa se
suspende de la parte posterior bien de
hierbas o, más a menudo, en un lugar
escondido como, por ejemplo, en una
cavidad o bajo una piedra. La pupa (5) es de
color verde y se desarrolla a gran velocidad,
de forma que la mariposa sale al cabo de 10 a
14 días.

Perico
Hamearis lucina L.   Riodinidae

La familia de Perico es muy pequeña y sólo se han descrito unas 1.500 especies hasta ahora en todo el mundo. La mayoría se encuentran en la América tropical. En los últimos años algunas autoridades han proclamado que es meramente una subfamilia y que pertenece a la familia de los azules, cobres y "hairstreaks" (Lycaenidae).

La única especie europea de esta familia es la Perico. Su distribución se extiende desde España, a través de Europa central y del sur, hasta la parte central de la Unión Soviética. También se encuentra en las Islas Británicas, en las repúblicas del Báltico de la URSS y en el sur de Suecia. Habita en bosques abiertos de hoja grande, tierras sin cultivar y en montes bajos con muchas flores. En las montañas aparece por debajo de los 1.300 metros.

En Europa solía ser una mariposa común, pero en los últimos años su número ha ido decreciendo rápidamente sin razón aparente alguna. Quizá haya sido afectada por los cambios que, en general, ha sufrido el campo debidos fundamentalmente al desarrollo agrónomo e industrial.

La Mariposa del Almez *(Libythea celtis* Laich.) también ilustrada en la página siguiente, pertenece a otra pequeña familia —mariposas de las trompas largas— (Libytheidae). Sólo hay 20 especies en el mundo y una en Europa. Esta mariposa se encuentra en las zonas cálidas del sur de Europa, desde donde algunos años vuela a Centroeuropa. Se distribuye asimismo desde el norte de Africa, pasando por Asia Menor y Siberia, hasta Japón. Destaca por sus recortadas alas delanteras, los largos palpos labiales y los llamativos colores.

4

La Perico (1) tiene una envergadura de 25 a 28 mm. La coloración de la parte inferior de sus alas es una de sus características típicas (2). En la zona norte del territorio que habitan, las mariposas son más pequeñas y no hay más que una generación al año; en el sur hay dos. Vuelan desde abril hasta junio; en el sur, desde marzo hasta junio, y la segunda genración vuela en agosto y septiembre. La oruga (3) se alimenta desde agosto de diversas prímulas y, de vez en cuando, también de otras plantas herbáceas. Inverna y completa su desarrollo en la primavera siguiente. La mariposa adulta sale de la pupa (4) tras una o dos semanas.

5

2

3

1

La Mariposa del Almez (5) tiene una envergadura de 30 a 40 mm., el imago tiene una vida media muy larga —desde junio, en que eclosiona, hasta la primavera siguiente—. Sin embargo, es raro verla en días calurosos de verano. En verano la mayor parte de estas mariposas pasan por un período de descanso, otras emigran al norte o a las montañas donde hace más fresco. En primavera las orugas se alimentan de almez.

101

Topacio
Thecla betulae L.   Lycaenidae

La familia Lycaenidae es muy grande y abarca un gran número de especies de pequeñas mariposas —más de 6.000 en todo el mundo—. Hay aproximadamente 100 especies originarias de Europa, lo cual hace de este grupo de mariposas uno de los más grandes del continente. La familia se divide en tres subfamilias diferentes: pardas, cobres y azules, a las que a veces se añaden también los "metalmarks" (Rionidae) como una subfamilia más.

La Topacio es la más grande y notable de entre las pardas europeas. Se encuentra en las zonas de bosques de hoja grande a lo largo de prácticamente toda la región paleártica —exceptuando el extremo norte y sur de Europa— y en Asia hasta Corea. Es una mariposa de tierras bajas, encontrándose sólo a alturas de hasta 1.000 metros. Prefiere las zonas de parques con matorrales y bosques despoblados, por donde vuela a finales del verano y en otoño. Sin embargo, durante las últimas décadas ha desaparecido completamente de muchos de sus hábitats anteriores —aparentemente debido a cambios ambientales inaceptables.

La Cejialba *(Callophrys rubi* L.) se distribuye por toda la región paleoártica y tiene una coloración diferente. En Norteamérica existen especies profundamente relacionadas cuyo territorio pareció en un tiempo estar unido al de la Cejialba. Esta descuidada mariposa es un ágil volador y, debido a su sombría coloración, en seguida pasa desapercibida, a pesar de que es muy común en campos de matorrales, márgenes forestales y páramos.

La Topacio tiene una envergadura de 32 a 37 mm. El macho es casi negro, careciendo de marcas en la zona superior de las alas, mientras que la hembra (1) tiene una llamativa mancha amarilla en las alas delanteras. La prte inferior de las alas (2) de ambos sexos es de color amarillo anaranjado. En primavera las orugas se alimentan de endrino, ciruelo, abedul y avellano. La pupa es quiescente durante todo el verano. Las mariposas de la única generación vuelan desde agosto hasta octubre. El huevo inverna.

La Cejialba (3) tiene una envergadura de 24 a 28 mm., y la parte superior de las alas es de color marrón oscuro. No existe diferencia en la coloración del macho y de la hembra. El colorido verde de la parte inferior de las alas es un rasgo curioso. Pueden presentar una o dos generaciones, dependiendo de las

5

condiciones climáticas. La primera vuela desde marzo hasta junio, la segunda en agosto y septiembre. La oruga (4) se alimenta de diversas plantas, sobre todo de hiniesta, trébol y zarzas, e inverna. La pupa (5), de color marrón-gris, hace un ruido muy rápido cuando se mueve.

Nazarena
Quercusia quercus L. Lycaenidae

La Nazarena se encuentra en los bosques de robles de toda Europa y norte de Africa. Al este se distribuye desde Oriente Próximo hasta Transcaucasia. No existe en Gran Bretaña, Irlanda ni prácticamente en todo Escandinavia, excepto en las regiones más cálidas del sur. Tampoco aparece en las altas montañs —todo lo más se puede dar a 1.500 metros en la zona sur del territorio que abarca—. Vive en aquellos lugares donde crecen las plantas de las que se alimenta la oruga, es decir, donde crezcan robles de diversas especies. Esta mariposa es todavía relativamente abundante, aunque con frecuencia pasa desapercibida, ya que revolotea por las copas de los árboles. Los individuos adultos presentan dicroísmo sexual: las alas de la hembra son negras con zonas de color azul metalizado, el macho es de color gris brillante.

Muchas pardas del género *Strymonidia* Tutt y del género *Nordmannia* Tutt son muy parecidas y sólo se pueden distinguir por las manchas de la parte inferior de las alas. Una de ellas es la W-Blanca *(Strymonidia w-album* Knoch). Se encuentra en bosques de hoja grande a lo largo de casi toda Europa, excepto en el sur de España y las regiones del extremo norte, así como por todo Asia y hasta Japón. Los especímenes individuales vuelan por zonas húmedas de valles y bosques siguiendo los ríos. Les gusta visitar las flores de ebulo, eupatorio, plantas umbelíferas y otras parecidas. En los últimos años esta especie ha desaparecido de muchas de sus viejas localidades. Parece que su existencia está en peligro por los últimos cambios que está sufriendo su hábitat, fundamentalmente debido a la polución atmosférica.

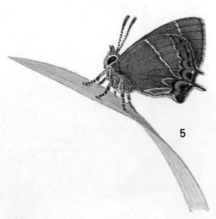

5

La Nazarena tiene una envergadura de 28 a 33 mm. El dicroísmo sexual puede verse perfectamente en la parte superior de las alas (1, hembra). La parte inferior de las alas (2) es característica de esta especie. Tienen una sola generación anual, y las mariposas vuelan desde junio hasta agosto. El huevo inverna. La oruga (3) se alimenta de robles desde abril hasta junio. La transformación en pupa se realiza en un capullo libre entre las hojas en las que se ha tejido. La pupa (4) es marrón-amarilla, corta y redondeada.

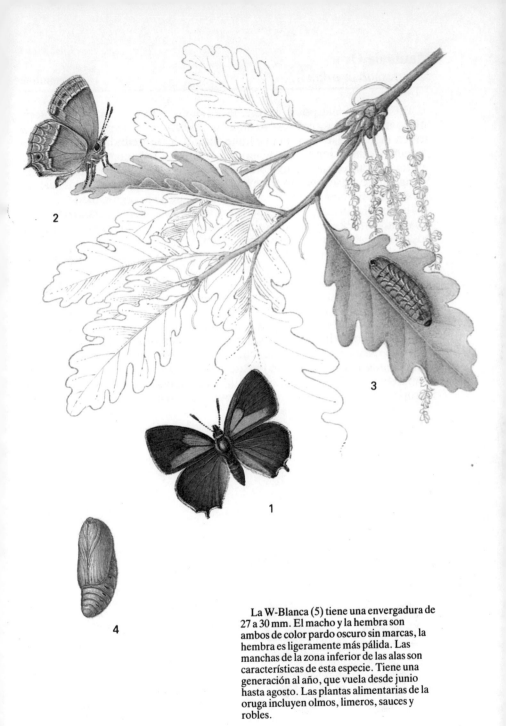

2

3

1

4

La W-Blanca (5) tiene una envergadura de 27 a 30 mm. El macho y la hembra son ambos de color pardo oscuro sin marcas, la hembra es ligeramente más pálida. Las manchas de la zona inferior de las alas son características de esta especie. Tiene una generación al año, que vuela desde junio hasta agosto. Las plantas alimentarias de la oruga incluyen olmos, limeros, sauces y robles.

Manto de Oro
Heodes virgaureae L.

Lycaenidae

En cuanto a mariposas, las diez especies de cobres que viven en Europa son comparables a joyas. Salvo algunas excepciones, lucen vivos colores y brillan tanto a la luz del sol que nunca pasan desapercibidas a pesar de sus pequeñas dimensiones. La Manto de Oro es la más común. Habita una enorme extensión que abarca prácticamente todo la región paleártica hasta Mongolia. En Europa no existe en las regiones del norte de Escandinavia, Islas Británicas y en las zonas más al sur de la región mediterránea. Sus lugares favoritos son los prados y márgenes forestales, caminos forestales y claros de bosques con exuberante vegetación. A la mariposa le gusta posarse en las flores de agrimonia, zuzón y menta. Es muy frecuente encontrarla bordeando los arroyos. En las montañas alcanza alturas de hasta 1.500 metros.

La Manto Grande *(Lycaena dispar* Hw.) es una especie muy similar, aunque presenta unas necesidades completamente diferentes. Esta especie tiene una distribución diseminada por Europa y Asia llegando hasta el río Amur. Habita en húmedos prados y en los últimos años ha ido desapareciendo debido al drenaje de las tierras; en muchos de sus hábitats anteriores se ha extinguido completamente. Así, por ejemplo, la especie descrita originalmente se extinguió en Inglaterra ya en el siglo XIX. Más tarde volvió a aparecer con la introducción de la ssp. *batava* Oberth. del continente europeo. Las poblaciones centroeuropeas pertenecen a la subespecie *rutilus* Wernb.

La Manto de Oro tiene una envergadura de 27 a 32 mm. El macho (1) es de color pardo rojizo fuego; la hembra (2) tiene unos puntos negros en las alas y la mayor parte de éstas es de color marrón. A veces, las hembras presentan una tendencia hacia el melanismo, es decir, hacia una coloración completamente oscura. La parte inferior de las alas es característica (3). Tienen una generación anual, y las mariposas vuelan desde junio hasta agosto. La oruga comienza su desarrollo en verano, inverna y pasa al

4

1

2

3

5

estadio de pupa en primavera. Se alimena de acedera.

La Manto Grande (4) tiene una envergadura de 27 a 32 mm. El dimorfismo sexual es análogo al de la especie anterior. El colorido de la parte inferior de sus alas es característico (5). Tiene una generación al año —dos en climas más cálidos— que vuela desde mayo hasta agosto. Las orugas se alimentan de acedera y las de la segunda generación invernan. En primavera pasan al estadio de pupa.

Manto Bicolor
Lycaena phlaeas L.

Lycaenidae

La Manto Bicolor habita literalmente en medio mundo: toda Europa y Asia hasta Japón, incluyendo diversas islas. Además de encontrarse en la zona de Africa que bordea el Mar Mediterráneo, también se encuentra en Etiopía y en América del Norte, al este de los Estdos Unidos y en Canadá. Esta distribución se debe, sin lugar a dudas, en gran parte a sus poderosas dotes de vuelo. Esta pequeña mariposa es capaz de emigrar a regiones nuevas y de rehacerse de las pérdidas sufridas por las poblaciones locales o más extensas. En las montañas se puede encontrar a alturas de hasta 2.000 metros. A causa de la mezcla de poblaciones, esta especie no desarrolló ninguna forma geográfica especial, exceptuando la ssp. *polaris* Courv., descrita en base al norte de Europa y que se distingue por el colorido gris de la parte inferior de sus alas posteriores. En otros aspectos, esta especie presenta una acentuada variabilidad individual. Sus lugares preferidos son zonas bastante secas y desprovistas de árboles. Con frecuencia se posa sobre la tierra caliente y toma el sol. Es una mariposa muy precavida y de vuelo rápido.

La Manto de Cobre *(Palaeochrysophanus hippothoe)* tiene unas necesidades ligeramente diferentes. Se encuentra más hacia el norte, a través de Europa y Asia hasta el Amur, y en alturas de medianas a altas hasta los 2.000 metros. Se encuentra en prados húmedos y pantanosos. En zonas más secas y en el cálido sur su distribución es más escasa. Su colorido es muy variable; puede presentar diversos tintes en el brillo de sus alas y con frecuencia produce individuos muy oscuros.

La Manto Bicolor (1) tiene una envergadura de 22 a 27 mm. El macho y la hembra son parecidos, aunque la hembra es un poco más grande. Tiene una o dos generaciones al año (dependiendo del clima o de la altura) que se solapan de manera que las mariposas muchas veces pueden verse incluso en febrero y, si el tiempo es cálido, hasta octubre. La oruga (2) se alimenta de "docks" e inverna. En primavera se transforma en pupa (3).
La Manto de Cobre tiene una envergadura

1

3

4

5

de 28 a 32 mm. Las alas del macho (4) son
muy vivas, de color rojo pardusco con un
llamativo brillo azul violeta. La hembra (5)
es más oscura, con puntos negros en las alas
anteriores, y normalmente una hilera de
manchas azules en las alas posteriores.
Tienen una generación al año, que vuela ya
en mayo en las regiones de tierras bajas y en
junio y julio a mayores alturas. La oruga se
alimenta de las mismas plantas que la especie
anterior, así como de bistorta.

2

109

Hormiguera de Lunares
Maculinea arion L.

Lycaenidae

La Hormiguera de Lunares es la especie más grande de entre las cerca de 70 especies de azules que se encuentran en Europa. Vive en las regiones templadas de Europa y Asia, habitando sólo en las partes más meridionales. A lo largo de su territorio presenta una distribución diseminada y local, localizándose en lugares de hierbas secas, en prados y pastizales donde hay pequeños montículos de tierra cubiertos de tomillo salvaje y hormigas (como, por ejemplo, la especie *Tetramorium caespitum*). Esto se debe a que la H. de Lunares, o más bien sus orugas, son dependientes de las hormigas. Las orugas jóvenes se alimentan de tomillo salvaje, pero las más viejas viven en las colinas llenas de hormigas y se nutren de las larvas y pupas de sus huéspedes. Es interesante señalar que las hormigas no causan ningún daño a estas orugas asesinas; por el contrario, las tratan con cuidado, ya que las orugas segregan gotas de un líquido especial que constituye una droga irresistible para las hormigas. De la misma manera, la pupa descansa entre las hormigas sin sufrir daño alguno hasta que salen las mariposas que abandonan la colina de hormigas. En los últimos años, la H. de Lunares ha llegado casi a la extinción en muchas localidades, y es una de las mariposas en peligro de extinción. La razón más importante es el arado de los campos y pastizales y el uso intensivo de los pesticidas y fertilizantes. A medida que desaparecen las colonias de hormigas, desparecen estas mariposas.

La Duende Oscuro *(Cupido minimus* Fuessl.) es una enana en comparación con el resto de las azules. Mide aproximadamente la mitad que la especie anterior. Exceptuando el sur de España, las islas mediterráneas y las zonas más al norte de Escandinavia, vive en toda Europa y Asia hasta el Amur. Se encuentra en zonas cubiertas de hierba desde tierras bajas hasta regiones montañosas, a menudo llegando a encontrarse a alturas cercanas a los 3.000 metros. En los últimos años esta especie ha desaparecido también de muchos lugares, especialmente de las tierras bajas.

4

La H. de Lunares (1) tiene una envergadura de 28 a 38 mm. La parte inferior de sus alas es característica (2) y la distingue fácilmente de otras azules similares. La única generación vuela entre mayo y agosto, dependiendo de la altura y de las condiciones climáticas. La oruga (3) se alimenta en un principio de tomillo salvaje y después de larvas y pupas de hormigas en la colina hormiguera, donde inverna. La pupa permanece en el interior de la colina hormiguera durante un breve período de tiempo en primavera.

El Duende Oscuro (4, 5) tiene una envergadura de 18 a 22 mm. La hembra es parda-oscura; el macho tiene las alas cubiertas de escamas azules diseminadas, especialmente en la base. Tiene una o dos generaciones al año, dependiendo del clima, y las mariposas vuelan desde abril hasta agosto. En verano, la oruga se alimenta de coronilla, cuernecillo silvestre, vulneraria y otras plantas leguminosas.

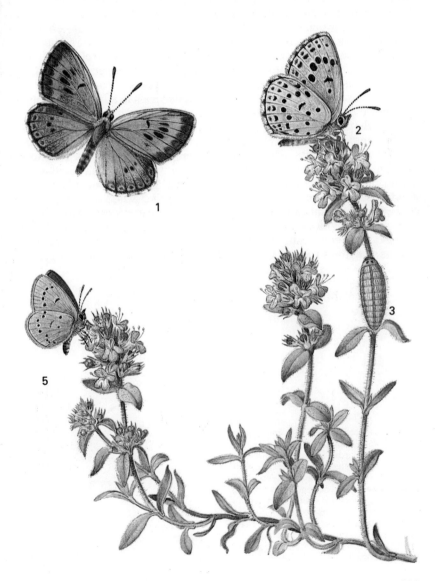

1

2

3

5

Niña Hocecillas
Plebejus argus L.
Lycaenidae

La mayoría de las azules presentan dicroísmo sexual, que significa que el macho y la hembra tienen una coloración diferente. Normalmente, el macho tiene un color azul precioso, mientras la hembra es generalmente parda-oscura, o todo lo más presenta unas manchas naranjas próximas al margen de las alas. Tal es el caso de la Niña Hocecillas, una de las especies azules silvestres más comunes. Las mariposas revolotean tanto en prados húmedos como en secos. Se reúnen sobre la tierra mojada rodeando las charcas que se secan, y cuando se sienten perturbadas alzan el vuelo todas a la vez. Pasan la noche sobre briznas de hierba y amanecen por la mañana temprano muchas veces cubiertas de diminutas gotas de rocío. La Niña Hocecillas se distribuye por toda la región paleoártica hasta Japón, exceptuando el norte de Africa. En Europa sólo aparece en las zonas más al norte de las Islas Británicas y en Escandinavia más allá del Círculo Polar Artico.

La Banda Anaranjada *(Scolitantides orion* Pall.) tiene unas necesidades mucho más específicas. A pesar de que también se distribuye desde Europa a Japón, en Europa su situación se divide en dos zonas: una de ellas el estrecho cinturón que atraviesa las regiones más al sur de Finlandia y Escandinavia, separado por un espacio de la zona principal de distribución, que comienza a 5° de latitud norte y se extiende hacia el sur este. Sin embargo, hasta hoy no se ha encontrado en muchas zonas de la parte oeste de la región mediterránea. Esta azul termófila se observa con mucha frecuencia en laderas soleadas y rocosas donde crecen las plantas que alimentan a las orugas.

La Niña Hocecillas tiene una envergadura de 20 a 23 mm. El macho (1) es azul, la hembra (2) es parda. Tiene manchas anaranjadas próximas al margen de la parte inferior de las alas (3). Hay una o dos generaciones al año, dependiendo del clima. La primera generación vuela en mayo y junio, la segunda en julio y agosto. La oruga mirmecófila se alimenta de coronilla, trébol, tomillo salvaje y otras plantas que con frecuencia crecen en los nidos de pequeñas hormigas como la *Tetramorium caespitum*.

4

La Banda Anaranjada (4) tiene una envergadura de 22 a 28 mm., el macho y la hembra son parecidos. Esta mariposa se distingue fácilmente de las otras azules por la parte inferior de las alas (5). Hay dos generaciones al año. La primera vuela en abril y mayo, la segunda en julio y agosto. Las plantas que constituyen su alimento son principalmente hierba callera y vermicularia. La pupa de la segunda generación inverna.

3

5

1

2

Niña Coridón
Lysandra coridon Poda

La Niña Coridón es una de las mariposas azules más grandes. El macho es azul grisáceo con las nerviaciones de las alas más oscuras. La parte exterior de las alas es pardusca y el borde está recorrido por una franja blanca con puntuaciones oscuras. La hembra es completamente parda y muy a menudo con sombras azules. Tiene un pequeño lunar negro en el centro de las alas y es más oscura que el macho en la parte inferior de éstas. La distribución de la Niña Coridón se limita principalmente a las regiones templadas de Europa. No existe en todo Finlandia, Escandinavia ni Irlanda. En Gran Bretaña aparece sólo en un área del sur relativamente pequeña; en España, por otra parte, sólo aparece en el norte. Tampoco existe en la zona noroeste de Alemania Occidental, el sur de Italia y Grecia ni en las islas mediterráneas. En otras palabras, el centro de su distribución se halla en el centro de Europa, donde aparece en localidades secas y cubiertas de hierba y en estepas forestales en terraplenes donde calienta el sol, sobre todo en aquellos cuyo substrato es de piedra caliza. En aquellos biotopos que no han sufrido las actividades del hombre, se encuentran en abundancia y en el medio del verano constituye una de las especies dominantes. En las regiones llanas y bajas son más numerosas, aunque pueden encontrarse a alturas de hasta 2.000 metros si la localidad satisface sus necesidades ecológicas.

A lo largo de toda Europa nos encontramos con la Niña Coridón descrita. El centro de España es el único lugar donde aparece una subespecie aislada, la *saturiensis* Sag., que es ligeramente más pequeña y de color azul pálido brillante. La gran variabilidad de esta especie está influida por el clima, así como por el hábitat.

2

La Niña Coridón tiene una envergadura de 30 a 35 mm. El macho (1) es azul, la hembra (2) es normalmente parda. También difieren en el colorido de la parte inferior de las alas (3, 4), siendo el de la hembra (fig.4) más pardo que el del macho. Generalmente, no hay más de una generación anual. Las mariposas vuelan desde junio hasta agosto, pero el mayor número de ellas aparecen en la segunda mitad de julio. En años cálidos pueden darse a partir de mayo, y puede haber una segunda generación parcial hacia

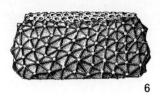

finales del verano (en las regiones más meridionales de su territorio). La oruga (5) es mirmecófila. Se alimenta de arvejas, coronillas y otras plantas leguminosas. Inverna y en primavera pasa al estadio de pupa. Dicho estadio es muy breve. El huevo (6) tiene forma de cilindro aplastado y bajo y presenta una superficie de textura típica.

6

4

3

1

5

115

Icaro, dos puntos
Polyommatus icarus Rott.

Lycaenidae

Esta especie es una de las más comunes y más ampliamente distribuidas de entre las especies azules. Habita en toda la región paleártica, desde Africa del norte y el suroeste de Europa por toda Asia hacia el Lejano Oriente y el Océano Pacífico. También se ha instalado muy al norte más allá del Círculo Polar Artico y se puede encontrar en montañas de hasta 3.000 metros. Esto da idea de una gran adaptabilidad ecológica, que es probablemente la razón por la cual es una de las pocas mariposas que se ha adaptado con éxito a los cambios que ha originado la civilización. Inclusive puede encontrarse en campos de cultivo. Tal vez esto también esté relacionado con el hecho de que las orugas se alimentan de alfalfa, que se cultiva para forrajes y por tanto no se trata con insecticidas. La "Common Blue" vive en campos sin bosques, encontrándose en grandes cantidades en estepas y en terrenos bastante secos junto a la ortiguera, blancas, fritillarias y otras azules. Todas ellas pueden observarse en los charcos y en la arena mojada a orillas de los riachuelos, donde beben agua. La coloración típica de los machos es azul-violeta.

La Niña Celeste *(Lysandra bellargus* Rott.), cuyas alas son de color azul celeste bordeadas con franjas variadas en blanco y negro, se distribuye en las zonas más cálidas de Europa. Hacia el este, su territorio se extiende a Irak e Irán. Se puede ver volando sobre todo en zonas de tierras bajas; en las zonas montañosas sólo aparece en las partes cálidas y nuna más alto de 2.000 metros.

5

La Icaro, dos puntos tiene una envergadura de 25 a 30 mm. Existe un acusado dicroísmo sexual entre el macho azul (1) y la hembra marrón (2). La parte inferior de las alas es característica de la especie (3). Hay de una a tres generaciones superpuestas al año, dependiendo del clima. Algunas veces las mariposas están volando ya desde abril y hasta septiembre. Las orugas (4) se alimentan de gatuñas, tréboles, alfalfa y plantas semejantes; las de la última generación invernan. En mayo, la oruga se transforma en una pupa (5) verde, de la que poco después sale la mariposa.

La Niña Celeste tiene una envergadura de
27 a 32 mm. De nuevo, el macho es azul (6) y
la hembra parda. Hay dos generaciones al
año; la primera vuela en mayo y junio, la
segunda en agosto y septiembre. La oruga
inverna. Las plantas alimenticias incluyen el
trébol, retama, cuernecillo silvestre y
herraduras.

117

Ajedrezada Menor
Pyrgus malvae L.

Aunque tradicionalmente las "skippers" se clasifican a menudo como mariposas, en realidad forman un grupo que está muy lejano a las mariposas y que anatómicamente está más próximo a los pirales. Las únicas características que conservan de las mariposas son su consistente actividad diurna y las rígidas antenas engrosadas en sus extremos. Por otro lado, las nerviaciones, cabeza, tórax masivo y la forma del cuerpo de la mariposa son completamente distintos. A lo largo de todo el mundo se reparten unas 4.000 especies de saltadores. La mayoría son originarios de América del Sur, donde está localizado el centro genético de esta familia. En Europa sólo existen unas 40 especies.

La Ajedrezada Menor es uno de los saltadores más comunes. Pertenece a un género que comprende un tercio completo de las especies europeas de esta familia. Exceptuando las partes más frías de Escandinavia, se encuentra prácticamente en toda Europa en lugares secos, cubiertos de hierba, setos, en terraplenes de hierba y en los caminos de los bosques. Hacia el este, sus dominios se extienden a través de las regiones templadas de Asia hasta Mongolia. Es una mariposa de comienzos de primavera y le gusta posarse sobre las flores de tormentilo, fresas salvajes, búgula y otras parecidas. Sin embargo, es muy precavida.

La Piquitos Castaña *(Carcharodus alceae* Espa.) también vuela a comienzos de la primavera. Es una especie termófila y su centro de distribución es el sur de Europa. Debido a que el límite norte de su territorio está situado a 52° norte aproximadamente, no se encuentra en Inglaterra, Dinamarca, Finlandia ni Escandinavia. En las zonas del norte de Alemania aparece sólo en contadas ocasiones.

4

La Ajedrezada Menor (1) tiene una envergadura de 18 a 22 mm. La mejor manera de distinguirla de otras especies similares son las manchas de la parte inferior de las alas (2). Hay dos generaciones al año que vuelan desde abril hasta agosto. La oruga se alimenta de fresas salvajes o de tormentilo y finaliza su desarrollo en otoño. La pupa inverna.

La Piquitos Castaña (3) tiene una envergadura de 23 a 30 mm. y es por tanto una de las mayores especies. La hembra tiene la misma coloración que el macho, pero puede ser un poquito mayor. Hay dos o tres generaciones al año; las mariposas de la primera generación vuelan durante la primavera desde marzo hasta mayo, las de las otras generaciones se solapan y vuelan

desde julio hasta septiembre. Las orugas (4) viven e invernan en hojas tejidas de la malva común y de la malva de los pantanos. La pupa (5) puede encontrarse a comienzos de la primavera de igual forma en el interior de un capullo tejido de hojas.

119

Ajedrezada de Pallos
Carterocephalus palaemon Pall.

Hesperiidae

Los dominios de esta vistosa mariposa abarcan la práctica totalidad de Europa, el centro y norte de Asia y América del Norte, exceptuando las partes más cálidas de la región mediterránera. No existe, por ejemplo, en Italia, España y Grecia. Habita en los bosques de hoja grande de las regiones templadas, y sus lugares favoritos son los bosques con maleza herbácea tupida y enclaves de hierba y flores. En la mayor parte de Europa solía ser muy común en los bosques, pero en las últimas décadas su número ha ido rápidamente decreciendo sin razón aparente. En muchas zonas del oeste de Europa ya está considerada como una especie en peligro. En Europa central, aunque todavía abunda, su número ha decrecido muchísimo en comparación con otros tiempos anteriores. Puede ser debido a cambios globales en la biosfera, en algunas zonas a los cambios en la práctica del cultivo forestal, a la tecnología de la explotación y repoblación forestal y a la composición de dichos bosques.

La *Thymelicus silvestris* Poda es la más común y la más extendida entre cuatro especies parecidas. La *T. lineola* O. también es muy conocida. La *Thymelicus sylvestris* se extiende desde el norte de Africa a través de toda Europa (exceptuando Irlanda, Finlandia y Escandinavia) hasta Oriente Medio, llegando hasta Irán. Es una especie forestal, y la mariposa puede verse en los caminos forestales, en terraplenes de matorrales y en los márgenes de los bosques, o bien posadas en las flores de la escabiosas, acianos y cardos. Donde más abunda es a niveles bajos y a alturas medias; puede aparecer en montaña hasta los 2.000 metros. Presenta una gran variabilidad de colorido.

4

La Ajedrezada de Pallos (1, 2) tiene una envergadura de 22 a 28 mm. El dibujo, oscuro, es variable y las manchas, amarillas, a veces están enormemente reducidas. El colorido de la cara inferior de las alas (3) es una característica típica de esta especie. Hay una generación al año, en que las mariposas vuelan desde mayo hasta junio y, a alturas superiores, también en julio. La oruga (4) aparece en otoño, inverna y completa su desarrollo en primavera. Se alimenta sobre todo de plantainas, aunque también se nutre de otras hierbas.

1

5

2

6

3

La *Thymelicus sylvestris* tiene una envergadura de 24 a 27 mm. El macho (5) se diferencia de la hembra en que tiene unas escamas dispuestas en una banda oblicua de color oscuro. También es característico de esta mariposa la cara inferior de las alas (6). Las mariposas de la única generación vuelan desde junio hasta agosto. La oruga se alimenta de diversas hierbas, tejiendo las briznas para construir una cámara donde descansar. Inverna y luego crisalida en primavera.

Dorada Orla Ancha
Ochlodes venatus Bremer et Grey   Hesperiidae

La Dorada de Orla Ancha fue descrita en 1857 según una especie China. Las poblaciones que habitan en Centroeuropa se encuentran incluidas en la ssp. *septentrionalis* Verity. A pesar de ello, China no constituye el límite del territorio que ocupa la especie, que se extiende hasta Japón. Incluye la región paleoártica en su totalidad, exceptuando el norte de Africa, el sur de España, varias islas mediterráneas, Irlanda, Escocia y las regiones del norte de Escandinavia más allá del Círculo Polar Artico. Es una mariposa común de países tanto forestales como no forestales y puede encontrarse en todas partes: en terraplenes de matorrales, caminos forestales, claros de bosques, así como en setos entre campos desde zonas bajas hasta regiones montañosas, llegando hasta los 2.000 metros.

La Dorada de Manchas Blancas *(Hesperia comma* L.) es una especie muy parecida, aunque se puede diferenciar de la anterior por la cara inferior de sus alas, que presentan unas llamativas manchas blancas. La oblicua mancha negra de escamas de las alas anteriores del macho está dividida en sentido longitudinal por una línea blanquecina. Esta especie tiene un área de distribución todavía mayor que la anterior. Se encuentra además en el norte de Africa, el norte de Noruega y en Norteamérica, y en Asia aparece en toda la zona templada. Es una de las mariposas más comunes en los bosques despoblados y en los biotopos de zonas herbosas y de matorrales; tampoco es raro encontrarla en los márgenes de los campos y en los parques de las ciudades. En montañas aparece hasta los 2.500 metros. Prefiere los sustratos de piedra caliza, aunque desde luego no se restringe a ellos.

3

La Dorada de Orla Ancha tiene una envergadura de 25 a 32 mm. El macho (1) se diferencia de la hembra (2) en el dibujo y color de las alas. Tienen una generación anual, que vuela desde junio hasta agosto. La oruga es verde, con una franja oscura dorsal y franjas amarillas laterales; en otoño vive de diversas hierbas, como hierbas de praderas, agropyron común y perlaria. Luego inverna y en primavera se transforma en una pupa delgada amarillo-verdosa.

1

2

4

La Dorada de Manchas Blancas tiene una
envergadura de 25 a 30 mm. El macho (3)
tiene una mancha de escamas en cada una de
las alas anteriores; la hembra (4) no tiene
esas manchas. Hay una generación anual que
vuela desde junio hasta septiembre. La oruga
(5) vive desde el otoño hasta la primavera
pegada al suelo en el interior de un tubo de
tallos y briznas de hierbas tejidos. Se
alimenta de festuca, hierba de las praderas y
agropyron común, así como de coronilla,
cuernecillo, etc. La pupa es delgada y parda
y puede encontrarse en el mes de mayo en el
interior de capullos sueltos.

5

La Gitana
Arctia caja L.

Arctiidae

La familia de estas mariposas nocturnas cuenta con unas 8.000 especies distribuidas por todo el mundo, pero fundamentalmente en Sudamérica. En Europa sólo se encuentran unas 80 especies. Entre estas, La Gitana es, sin duda, la más famosa. Aparte de encontrarse en Asia y Europa, también está distribuida en Norteamérica. Aparece desde el nivel del mar hasta alturas de 2.000 metros. Sin embargo, crece mejor al pie de las colinas, alrededor de 600 metros sobre el nivel del mar, donde es muy abundante en muchos lugares. A pesar de ello, no es fácil de ver ya que permanece escondida entre la vegetación durante el día y sólo sale de noche. Aun así, se pueden obtener especímenes criándolos a partir de las grandes y peludas orugas que pueden recogerse sin dificultad en primavera, en que son muy frecuentes en el campo. Son enormemente voraces y se desarrollan rápidamente. Generalmente crisalidan en el interior de un capullo cerca del suelo.

La *Arctia villica* L. es una especie termófila distribuida en las partes más cálidas de Europa y Asia, extendiéndose aproximadamente hasta Transcaucasia. El dibujo de las alas es, como en la especie anterior, muy variable, y se han descrito muchas formas individuales, muchas de ellas muy exageradas. Un ejemplo es la *paucimacula,* en la que las manchas pálidas de las alas delantera tienden a desaparecer completamente, de manera que la polilla es casi completamente parda.

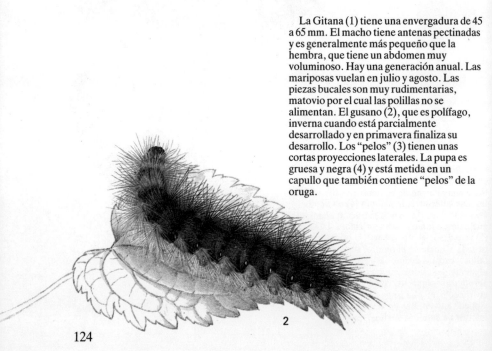

La Gitana (1) tiene una envergadura de 45 a 65 mm. El macho tiene antenas pectinadas y es generalmente más pequeño que la hembra, que tiene un abdomen muy voluminoso. Hay una generación anual. Las mariposas vuelan en julio y agosto. Las piezas bucales son muy rudimentarias, matovio por el cual las polillas no se alimentan. El gusano (2), que es polífago, inverna cuando está parcialmente desarrollado y en primavera finaliza su desarrollo. Los "pelos" (3) tienen unas cortas proyecciones laterales. La pupa es gruesa y negra (4) y está metida en un capullo que también contiene "pelos" de la oruga.

2

5

1

4

3

La *Arctia villica* (5) tiene una envergadura de 45 a 60 mm. Las diferencias entre el macho y la hembra son parecidas a las de la especie anterior. Tienen una generación anual y una oruga polífaga que invierna cuando está parcialmente desarrollada y en primavera crisalidan en seguida. Las polillas vuelan en mayo y junio.

125

Panaxia dominula L.

Arctiidae

Esta preciosa polilla se distribuye sólo en Europa; su territorio se extiende hasta el Cáucaso. Habita en bosques y valles húmedos de exuberante vegetación desde las tierras bajas hasta regiones montañosas, hasta los 2.500 metros. Junto a la especie siguiente, es una de las pocas polillas de la familia Arctiidae que tiene sus piezas bucales desarrolladas y es por tanto capaz de alimentarse. Puede encontrarse tanto en flores como en el suelo mojado, de donde succiona agua. Debido a que es capaz de alimentarse, tiene una vida media mayor que las polillas que sólo dependen de la grasa corporal almacenada por la oruga. La *Panaxia dominula* vuela tanto de noche como de día y es muy precavida. Es muy corriente verla cuando se le molesta de repente y sale volando de su escondite. Presenta una variabilidad enorme en el orden de las manchas de sus alas anteriores y posteriores. El brillo metálico de las partes oscuras de las alas anteriores también varía, pudiendo tener un tinte verde, azul o violeta. Una variante curiosa es la forma flavia con las alas posteriores amarillas. Algunas formas son más frecuentes en algunas regiones y, a veces, se clarifican como razas geográficas. Un ejemplo es la ssp. *pompalis* Nitsche, que habita al sur de los valles Alpinos y presenta un complejo dibujo en las alas.

La *Euplagia quadripunctaria* Poda ocupa un territorio más al sur que la especie anterior. Sin embargo, se puede encontrar incluso en las altas montañas, aunque prefiere regiones de bosques esteparios y valles rocosos con mucha vegetación, creciendo en los lugares húmedos. Vuela sobre todo de día.

La *Panaxia dominula* (1) tiene una envergadura de 45 a 55 mm. No existen diferencias entre los sexos, ambos tienen antenas filiformes. Las polillas de la única generación anual vuelan desde mayo hasta julio. La pequeña oruga inverna, completando su desarrollo (2) en la primavera siguiente. Se alimenta de ortigas urticantes, ortiga muerta, frambuesos y otras plantas. La pupa (3) es negra y se encierra en un capullo. La polilla adulta emerge tras dos o tres semanas.

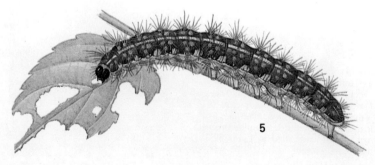

5

126

La *Euplagia quadripunctaria* (4) tiene una envergadura de 42 a 52 mm. El macho y la hembra son parecidos. Hay una generación al año, que vuela desde julio hasta septiembre. Las orugas jóvenes invernan. Las orugas completamente desarrolladas (5) están vivamente coloreadas y son polífagas. La pupa sólo difiere ligeramente de la especie anterior.

Esta polilla, más conocida por el sinónimo *Arctia hebe* L., es una especie termófila. A pesar de que su distribución se extiende hacia el este al noreste de China, se encuentra únicamente en las partes más calidas de Europa y Asia. Es muy abundante, por ejemplo, en la región mediterránea, mientras en Centroeuropa tiene una distribución local, dándose sólo en hábitats muy cálidos. Es una especie de la estepa y de los bosques esteparios, con preferencia por sustratos previamente calentados por el sol, de arena o de piedra caliza. Como la mayoría de los ártidos, es muy variable en su colorido. En el sur de Europa, las polillas tienen un azul y negro más vivo, mientras que en el centro de Europa son grises y rosas. Esta polilla es muy apreciada por los coleccionistas ya que es muy difícil obtener un especimen en el campo. Es mejor cazar las orugas tras la invernación, porque muchas mueren durante el invierno.

La *Hyphoraia aulica* L., otro ártido tremendamente variable, se distribuye por toda Europa y Asia hasta el Lejano Oriente. Sin embargo, no hay ningún lugar en el que abunde. Se encuentra en biotopos cálidos con mucha vegetación. Las orugas de una única camada no se desarrollan a la misma velocidad, y así ocurre que los ejemplares más rápidos en su desarrollo forman una segunda generación en el mismo año, mientras los otros esperan la finalización de la invernación en un estado de desarrollo parcial.

Ammobiota festiva Hb. (1) tiene una envergadura de 46 a 60 mm. El macho tiene antenas pectinadas. Hay una generación anual, y las polillas vuelan en mayo. La oruga (2) cambia en cuanto acaba la invernación y se transforma en una pupa negra dotada de dos penachos o matas de rígidos pelos que terminan en los discos del cremáster (3). Las orugas son polífagas y les gusta tomar el sol en primavera. Esta polilla

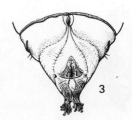

5

1

4

se ha extinguido en muchas zonas y es una especie en peligro en Centroeuropa.

Hyphoraia aulica L. (4) tiene una envergadura de 30 a 38 mm. Hay dos generaciones al año, dependiendo del clima y el tiempo. En general, hay una generación que vuela en agosto. La oruga (5) presenta unos pelos muy largos en su extremo posterior. Es polífaga y crisalida en primavera después de la invernación.

2

La *Parasemia plantaginis* es más pequeña, pero es una especie de gran interés ampliamente distribuida por toda Europa y Asia hasta Japón. Se puede encontrar en tierras bajas, pero normalmente se encuentra en montañas donde con frecuencia vive a niveles de hasta 3.000 metros. Muy pocas polillas presentan su variabilidad en colorido. En esta especie las formas hereditarias se combinan con individuos que han sufrido algunas variaciones debido a un cambio brusco de tiempo, de manera que el color de fondo de las alas (diferente para machos y hembras) puede estar entre rojo carmín y naranja hasta de amarillo a blanco. Las marcas negras de las alas o bien las cubren completamente, de forma que sólo quedan franjas finas de color pálido, o las reducen a unas pocas manchas en la zona marginal de las alas posteriores. Las hembras presentan menos variaciones y sus alas traseras son normalmente de color rojo carmín. Los machos de forma típica, con alas posteriores amarillas, sólo aparecen en las regiones de tierras bajas. En regiones montañosas, el color de fondo de las alas de los machos es más o menos blanco (f. *hospita* y f. *bicolor*). Las polillas vuelan tanto durante el día como durante la noche.

La Fragmatobia Ahumada *(Phragmatobia fuliginosa* L.) es una especie muy común. Su territorio abarca la totalidad de la región paleártica desde el norte de Africa hasta Japón. La luz atrae a las polillas.

6

3

4

La *Parasemia plantaginis* tiene una envergadura de 32 a 38 mm. Presenta un acusado dimorfismo sexual (el macho tiene las antenas pectinadas), así como policroísmo influenciado por la ecología. El macho típico (1) tiene las alas posteriores de color amarillento, mientras que en los ejemplares de montaña (2) el color de fondo de las alas del macho es blanco. La hembra típica (3) tiene las alas posteriores rojas. Las polillas de la única generación vuelan de mayo a agosto. La oruga es polífaga. Inverna cuando se encuentra a medio desarrollar y crisalida en primavera en el interior de un capullo marrón.

La Fragmatobia Ahumada (4) tiene una envergadura de 30 a 35 mm. El macho y la hembra son parecidos. En general, suele haber dos generaciones al año; la primera vuela desde abril a junio y la segunda desde julio hasta septiembre. La oruga (5) se alimenta de diversas plantas y sólo inverna cuando está completamente desarrollada. La pupa, parda-oscura con segmentos abdominales bordeados de amarillo, presenta un penacho de protuberancias en forma de ganchos (6) en el cremáster.

131

Spilosoma lubricipeda L.

Arctiidae

Entre los ártidos se incluye un grupo de varias especies blancas o casi blancas de las cuales algunas son muy parecidas. Una de las más comunes es la *Spilosoma lubricipeda,* que se extiende por toda Europa no polar y Asia y que se encuentra tanto en las regiones de tierras bajas como en las zonas montañosas. En las noches cálidas del mes de mayo vuela a menudo a través de las ventanas abiertas y entra en las habitaciones iluminadas o se puede encontrar por la mañana descansando en una pared donde una lámpara iluminaba la calle durante la noche.

La hembra, Espilosoma amarilla *(Spilosoma luteum* Hb.), es de color blanco amarillento, el macho es amarillo cremoso. Esta especie también se distribuye por Europa y Asia, pero es ligeramente más termófila. Se encuentra fundamentalmente en las regiones de tierras bajas, decreciendo su número al aumentar la altura hasta los 1.000 metros, a partir de los cuales ya no se ve. Frecuenta los parques, campos y jardines y las cercanías de arroyos y riachuelos.

La *Hyphantria cunea* Drury se introdujo en Hungría desde Norteamérica a comienzos de la Segunda Guerra Mundial. De allí se extendió a todas las regiones cálidas de Centroeuropa y se ha convertido en un serio problema para los árboles frutales y los árboles de los bosques de hoja grande.

Las especies de color blanco también incluyen a la *Spilosoma urticae* Esp., que es muy parecida a la *Spilosoma lubricipeda* y a la hembra de *Cycnia mendica* Cl., cuyo sexo opuesto (el macho) es de color pardo. Los machos de todas las especies anteriores tienen antenas pectinadas (en forma de peine), mientras que las hembras tienen antenas con forma cerdosa (como cerdas).

La *Spilosoma lubricipeda* (1) tiene una envergadura de 30 a 42 mm. Hay una generación anual. Las polillas vuelan desde mayo hasta agosto. La oruga (2) es polífaga y se desarrolla durante el verano. La pupa inverna.

La Espilosoma Amarilla (3) tiene una envergadura de 28 a 40 mm. Las polillas de la

4

3

132

única generación vuelan también desde
mayo hasta agosto. La peluda oruga (4) es
más pálida que la de la espcie anterior. La
pupa inverna.

La *Hypantria cunea* (5), con una
envergadura de 25 a 40 mm., es la más
pequeña de estas tres especies. Hay dos
generaciones al año. La primera vuela desde
abril a junio, la segunda a finales del verano.
Las orugas (6) de la segunda generación
finalizan su desarrollo en otoño. La pupa
inverna en diversos escondites y grietas.

Esta es una polilla de colores muy llamativos con alas delanteras negras, con manchas rojas y alas traseras rojas. No existe otra como ella en toda la familia de los Arctiidae. Se distribuye por toda Europa y Asia Menor, siendo el centro de Asia el límite de su territorio. En las altas montañas aparece hasta alturas de unos 1.600 metros. Sin embargo, es más abundante en regiones de tierras bajas, donde se puede encontrar en biotopos herbáceos, setos, prados bastante secos y en estepas y bosques esteparios. Desafortunadamente, su número ha decrecido muchísimo durante las últimas décadas debido al cultivo de los campos y hoy día sólo se ve de vez en cuando.

El género *Eilema* Hb. incluye aproximadamente diez especies muy parecidas. Una de las más abundantes es la *Eilema complana* L., que está distribuida por regiones templadas de Europa y, hacia el este, hasta Transcaucasia. Se puede encontrar en bosques amplios de hoja grande, así como en los parques y jardines de las ciudades. Las modestas orugas de estas especies se alimentan de líquenes y se pueden encontrar junto a sus plantas nutricias no sólo en los troncos de los árboles, sino también en el suelo y en las rocas.

Algunas especies interesantes de ártidos son aquellas que presentan alas delanteras estrechas y alas posteriores anchas. Una de ellas es la *Spirits striata* L., que habita toda Europa y Asia Menor. Se encuentra en biotopos herbáceos de temperaturas cálidas.

6

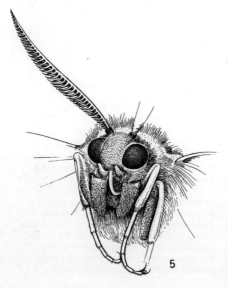

5

La *Tyria jacobaeae* (1) tiene una envergadura de 32 a 42 mm. Hay una generación anual, y las polillas vuelan desde mayo hasta julio. Las orugas (2) viven en comunidades. Se alimentan de "Tansy", senecio jacobea y zuzón. La pupa inverna en el suelo en un capullo libre entre hojas tejidas.

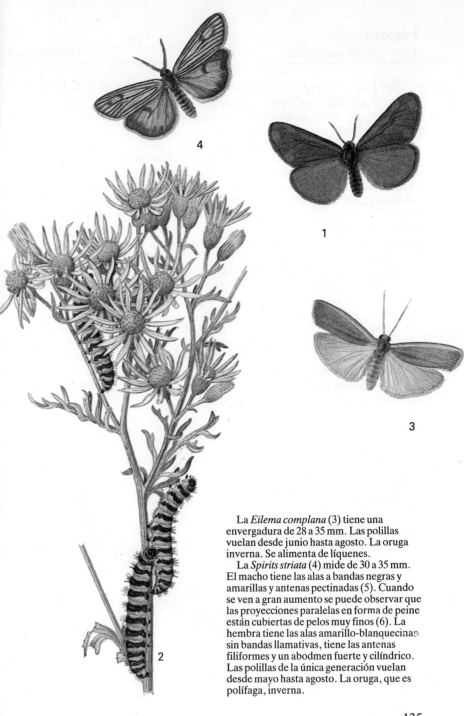

La *Eilema complana* (3) tiene una envergadura de 28 a 35 mm. Las polillas vuelan desde junio hasta agosto. La oruga inverna. Se alimenta de líquenes.

La *Spirits striata* (4) mide de 30 a 35 mm. El macho tiene las alas a bandas negras y amarillas y antenas pectinadas (5). Cuando se ven a gran aumento se puede observar que las proyecciones paralelas en forma de peine están cubiertas de pelos muy finos (6). La hembra tiene las alas amarillo-blanquecinas sin bandas llamativas, tiene las antenas filiformes y un abodmen fuerte y cilíndrico. Las polillas de la única generación vuelan desde mayo hasta agosto. La oruga, que es polífaga, inverna.

135

Lagarta
Lymantria dispar L.

De las 1.800 especies de limántridos que pueblan el mundo, sólo 17 viven en Europa, las otras son en su mayoría originarias de Sudamérica. Sin embargo, incluso entre las pocas especies europeas hay algunas que son nocivas en horticultura y bosques.

La Largarta es peligrosa para los árboles de hoja grande. Las orugas, peludas y de vivos colores, causan serios daños en los bosques de robles, rasgando y rompiendo sus hojas. También dañan los huertos y las plantaciones de ciruelas, albaricoques, nogales y otros árboles. Esta especie se distribuye hoy día por todo el hemisferio norte. En 1869 se llevó desde Europa a Norteamérica con fines experimentales, pero se escapó de su cautivada y se estableció por su cuenta en el campo salvaje, convirtiéndose en una plaga aún mayor que en su tierra de origen.

Otra especie muy temida es la Monja *(Lymantria monacha* L.). Se extiende por la región templada de Europa y Asia, apareciendo, en comparación con la *Lymantria dispar* L., más al norte y a mayores alturas. Sin embargo, fue en las regiones de tierras bajas europeas donde causó una gran catástrofe a comienzos de este siglo, en que se multiplicó en monocultivos de abetos falsos o piceas que se habían plantado inconvenientemente. El abeto falso no es la única planta nutricia de esta polilla. Las orugas se alimentan de muchos otros árboles y por eso esta mariposa nocturna habita en cantidades relativamente grandes incluso en bosques de hoja grande. En las regiones industriales se presenta en diversas formas, de oscuras o a completamente negras.

La Lagarta tiene una envergadura de 32 a 55 mm. El macho (1) es pequeño y pardo y está provisto de antenas pectinadas. La hembra (2) es de un blanco cremoso con vermiculación parda, antenas delgadas y abdomen voluminoso. Hay una generación anual, y las polillas vuelan desde junio hasta

3

agosto. Los huevos invernan. Las orugas son polífagas (3) y completan su desarrollo a finales de primavera cuando se transforman en pupas ligeramente peludas.

1

2

4

La Monja (4) tiene una envergadura de 30 a 50 mm. El macho y la hembra se diferencian principalmente en la forma de las antenas, el abdomen y tamaño. El desarrollo es similar al de la especie anterior: los huevos invernan y la oruga se alimenta en primavera y crisalida en mayo y junio. Las polillas vuelan durante la noche desde julio hasta septiembre. Las plantas nutricias de las orugas son fundamentalmente el abeto falso y el pino, aunque también se alimenta de roble y haya.

137

Pudibunda
Dasychira pudibunda L.

Esta polilla común se encuentra en bosques de hoja grande por toda Europa y Asia hasta Japón. También crece en los parques y jardines de las ciudades y por tanto es común en las zonas urbanas. Sin embargo, su distribución vertical se limita a la parte superior del bosque. El colorido puede ser muy variable. Hay una forma gris, con color, que se ve con frecuencia en los sectores industriales.

Otro miembro de la familia es la *Orgyia antigua* L., o Mariposa Viejecita, una pequeña polilla que habita los bosques de hoja grande y mezclados en las regiones del norte y templadas de la zona paleártica. Los únicos lugares en que no aparece es en las regiones más cálidas. Esta especie es capaz de vivir más allá de la línea forestal a alturas de hasta 2.000 metros, debido a que las orugas son enormemente polífagas. A estas alturas, las orugas se alimentan de arándanos, bidens, sauces y otras parecidas. Esta polilla presenta un acusado dimorfismo sexual. El macho es más delgado, con antenas plumosas o pectinadas y vuela como una flecha en las tardes de días cálidos y soleados, así como también por la noche. La hembra sólo tiene alas vestigiales y patas muy débiles con las que apenas es capaz de andar —de hecho prácticamente ni lo intenta—. Después de avivar, la mariposa permanece al lado del capullo donde es rápidamente fecundada por el macho y donde pone su partida de huevos. La dispersión de la especie corresponde a las jóvenes orugas y es lo normal en el caso de las polillas de esta familia. Están cubiertas de unos pelos muy largos y esto permite que el viento las lleve con facilidad a otros lugares del campo.

La Pudibunda tiene una envergadura de 40 a 65 mm. El macho (1) es más pequeño, más oscuro y tiene las antenas pectinadas. La hembra es gruesa y fuerte, blanquecina y tiene antenas filiformes. Hay una generación anual, que vuela en mayo y junio, y muy de vez en cuando presentan una segunda generación parcial, que vuela desde agosto

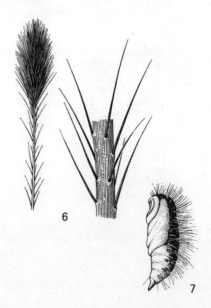

6

4

7

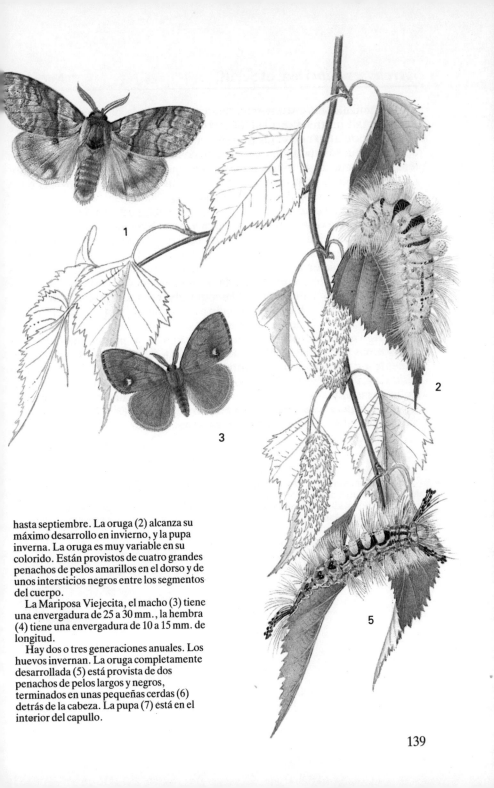

hasta septiembre. La oruga (2) alcanza su máximo desarrollo en invierno, y la pupa inverna. La oruga es muy variable en su colorido. Están provistos de cuatro grandes penachos de pelos amarillos en el dorso y de unos intersticios negros entre los segmentos del cuerpo.

La Mariposa Viejecita, el macho (3) tiene una envergadura de 25 a 30 mm., la hembra (4) tiene una envergadura de 10 a 15 mm. de longitud.

Hay dos o tres generaciones anuales. Los huevos invernan. La oruga completamente desarrollada (5) está provista de dos penachos de pelos largos y negros, terminados en unas pequeñas cerdas (6) detrás de la cabeza. La pupa (7) está en el interior del capullo.

139

Agrotis segetum Den. et Schiff.

Agrotis segetum Den. et Schiff.

Noctuidae

Los noctuidos constituyen la familia más grande de mariposas y polillas, contando entre ellos a más de 20.000 especies en todo el mundo. Entre ellas, más de 1.100 especies pertenecen a la fauna europea. Además, se considera que los noctuidos forman uno de los grupos más avanzados de los lepidópteros desde el punto de vista filogenético. Esto se debe a algunos factores como su anatomía, morfología y sus reacciones ecológicas poco corrientes (por ejemplo, tipos de diapausas).

La *Agrotis segetum* fue en su origen una especie esteparia que se extendió a las regiones esteparias de Europa y Asia. Sin embargo, se trasladó a las estepas conocidas como estepas de cultivo y se adaptó extraordinariamente bien a la vida en este tipo de regiones agrícolas. Su capacidad reproductora, el carácter polífago de las orugas y su adaptabilidad a diversas condiciones pronto hicieron de ella un insecto nocivo temido que en los años que alcanzaba números de plaga causaba el daño a millones de hectáreas de cultivo. El color de esta polilla es variable, sobre todo en el caso de los machos, que van desde pálidos hasta completamente oscuros.

La *Agrotis exclamationis* L. es también una de las polillas más comunes en las zonas templadas y cálidas de todo el paleártico. Sin embargo, curiosamente esta especie no constituye una plaga agrónomo-destructiva, a pesar de ser muy abundante. Esto, tal vez, es debido en parte al lento desarrollo de las orugas y a que, en general, sólo se da una única generación. La *Agrotis exclamationis* prefiere alimentarse de plantas salvajes, y en los campos de cultivo se encuentra principalmente en las áreas no cultivadas.

La *Agrotis segetum* tiene una envergadura de 27 a 40 mm. El macho (1) tiene las antenas pectinadas y las alas casi blancas. La hembra (2) tiene las antenas filiformes y su color, en general, suele ser más oscuro con las alas posteriores de pardo-grisáceo a blanco. Hay una o dos generaciones anuales en Centroeuropa; en regiones más cálidas

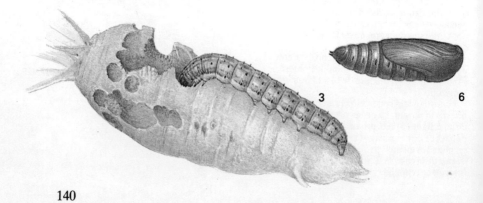

3

6

140

1

5

4

2

puede haber incluso una tercera generación. Las polillas vuelan desde mayo hasta finales de otoño. Las orugas (3), que son polífagas, invernan cuando están ya totalmente desarrolladas y crisalidan en primavera. Se diferencian de otras orugas parecidas de la *Agrotis ipsilon* en la anatomía de la cabeza y en la forma de arco de los ganchos que tienen en las patas abdominales (4).

La *Agrotis exclamationis* (5) tiene una envergadura de 30 a 40 mm. El macho y la hembra son muy similares. Las polillas de la única o, como mucho, de la segunda generación parcial vuelan desde junio hasta septiembre. El desarrollo de las orugas y las plantas nutricias son las mismas que en la especie anterior. Tanto las orugas como las crisálidas (6) son difíciles de distinguir de las de la *Agrotis segetum* sin la ayuda de un microscopio.

Noctuido de la Acedera
Noctua pronuba L.

Entre los miembros de la subfamilia Noctuidae, unas diez tienen las alas posteriores amarillas. La más común y la más grande es el Noctuido de la Acedera que se encuentra distribuida por toda la región paleártica, exceptuando las zonas más al norte. En las montañas se puede encontrar fácilmente a alturas de hasta 2.000 metros, aunque no se puede excluir la posibilidad de que dichas polillas puedan haber aparecido allí desde las zonas de tierras bajas. Esta especie tiene un período de vuelo excepcionalmente largo —desde junio hasta otoño—. Siempre se ha creído que tenía dos generaciones. Sin embargo, se ha comprobado que las polillas pertenecían a una única generación que pasa el verano en estado de letargo y sólo comienza a multiplicarse —poner huevos— hacia finales del verano. La *Noctua pronuba* es una polilla nocturna que busca su alimento en la noche y luego volando por el campo. Las luces brillantes le atraen en el período desde justo antes de medianoche hasta la mañana.

La *Noctua fimbriata* Schreb. es una de las polillas más bonitas con su contraste de colores de las alas posteriores y la amplia gama de matices de las alas anteriores. Se encuentra, fundamentalmente, en el centro y sur de Europa, disminuyendo su número a medida que va más al norte; el Cáucaso es aproximadamente el límite hacia el este del territorio que ocupa. La historia de su vida, como la de otras del género *Noctua,* se parece a la de la *Noctua pronuba.* Las polillas vuelan desde junio, pero los huevos no comienzan a desarrollarse en los ovarios de las hembras hasta que la luz del día disminuye hasta menos de 15 horas diarias, de forma que la puesta no se realiza hasta agosto o septiembre.

El Noctuido de la Acedera tiene una envergadura de 45 a 65 mm. El macho (1) presenta las alas delanteras oscuras, mientras que la hembra (2) las tiene más pálidas. Hay una generación anual. La oruga (3) es polífaga y, a veces, resulta nociva en los huertos. Inverna cuando está completamente desarrollada. En primavera se alimenta sólo brevemente, y en mayo crisalida en el suelo. La pupa (4) es de un color pardo-amarillo brillante. El cremáster está provisto de dos espinas o protuberancias.

6

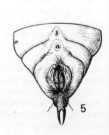

5

La *Noctua fimbriata* tiene una envergadura de 45 a 55 mm. Las alas anteriores del macho (6) son oscuras con un tinte verdoso o pardusco, las de la hembra son de color paja. La oruga es polífaga. Inverna cuando aún no está completamente desarrollada, a los 20 mm. aproximadamente. En primavera, cuando finaliza su desarrollo, se alimenta de yemas durante la noche y hojas jóvenes de diversos matorrales, como endrino, ligustrum y rosal silvestre o escaramujo.

Polilla de la Col
Mamestra brassicae L.   Noctuidae

La Polilla de la Col se distribuye por toda la región paleártica, desde Europa hasta Japón, y se encuentra también en Norteamérica. Aunque abunda más en las zonas de tierras bajas, también se puede observar en las montañas a alturas de aproximadamente 2.000 metros. Sin embargo, estos especímenes son generalmente descendientes de la primera generación de zonas más bajas que vuelan hacia las montañas al comienzo de la primavera. Esta polilla común no destaca por su belleza. Es una de las pocas especies que, con frecuencia, causa estragos en la agricultura, sobre todo de hortalizas. Cuando hay gran número de orugas se comen las plantas, hasta el punto de dejarlas completamente desnudas hasta la misma nerviación de la hoja. Las orugas de la generación otoñal se meten dentro de las cabezas de la col, las manchan con sus acuosos excrementos y hacen imposible que se puedan almacenar o procesar, ya que dichas coles infectadas tienden a estropearse muy rápidamente. Equipos enteros de investigadores están intentando encontrar una solución a estos problemas.

La *Mamestra persicariae* L. se distribuye igualmente por toda la región paleártica —en la zona templada—. Elige hábitats abiertos donde se alimenta de los cultivos de los campos, así como de plantas salvajes. Sin embargo, no es una especie que alcance con facilidad el número de plaga. Su color no es variable. Los únicos individuos diferentes son aquellos que tienen manchas en forma de riñón en las alas delanteras de color rojo pardusco (f. *accipitrina*) o negro (f. *unicolor*).

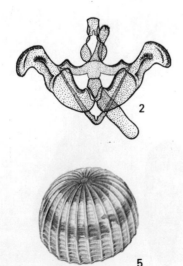

La Polilla de la Col (1) tiene una envergadura de 37 a 45 mm. El macho y la hembra sólo se diferencian en caracteres anatómicos (2, órganos sexuales del macho). En climas fríos sólo hay una generación al año, pero en climas más cálido hay dos o tres. Las polillas adultas vuelan sin interrupción desde mayo hasta octubre, de forma que las generaciones individuales solapan. La oruga (3) es polífaga pero prefiere las plantas crucíferas. La pupa, de color amarillo-pardo, inverna en el suelo.

La *Mamestra persicariae* (4) tiene una envergadura de 37 a 40 mm. Hay una generación anual, que vuela desde mayo hasta agosto. Los huevos son nervados (5), de color verde pálido y, generalmente, los ponen agrupados. La oruga (6) es polífaga, verdosa o marrón, y presenta los ocho segmentos abdominales ligeramente elevados. La pupa, negra, inverna en el suelo al abrigo de una cámara de tierra. Está provista de un cremáster típico (7) en el extremo posterior.

145

Esta es una polilla sencilla que se distribuye por toda Europa, Asia y América del Norte. Se encuentra en gran número en los campos de estepa secos y también en los húmedos. A medida que aumenta la altura disminuye su número y es reemplazada en las zonas altas por un número enorme de una polilla muy similar, la *M. impura* Hb. El grupo entero de polillas que comprende el género *Mythimna* O. prefiere las hierbas. Algunas especies aman la humedad y viven en el interior de los tallos de juncos y otras hierbas acuáticas, juncias, etc., otras viven en el césped en biotopos más secos. En cuanto al colorido, las polillas presentan una serie de características comunes.

Las varias decenas de especies que comprende el género *Cucullia* Schr., aparte de unas pocas excepciones como la *C. argentea* Hfn., son muy sencillas. Son de un color gris monótono o marrón y muchas veces son muy difíciles de diferenciar entre ellas. Las orugas, por otro lado, son de vivos colores y de forma muy variada. Los especímenes de una especie determinada se pueden conseguir sin problemas recogiendo las orugas y criando las mariposas en cautividad. Las orugas pueden presentar una coloración "enigmática" o de protección y de advertencia. La *Cucullia artemisiae* Hfn. constituye un ejemplo de una típica coloración de protección y mímica. Es posible distinguir a su oruga de las flores de la artemisa o hierba de San Juan. Las orugas del *Verbascum lychnitis* (*Cucullia verbasci* L.) están maravillosamente escondidas cuando se mueven entre las flores de dicha especie, pero cuando descansan en las rosetas de hojas verdes su coloración se convierte en coloración de advertencia.

1

La *Mythimna pallens* (1) tiene una envergadura de 30 a 35 mm. Hay dos generaciones al año, que vuelan desde mayo hasta julio y desde agosto hasta septiembre. Las orugas invernan. Se alimentan de diversas hierbas.

La *Cucullia artemisiae* tiene una envergadura de 37 a 42 mm. Las alas son estrechas y de color gris. La única generación vuela en junio y julio. La oruga (2) se alimenta en agosto y septiembre de hierba de San Juan y otras especies de ajenjo. La pupa (3) inverna.

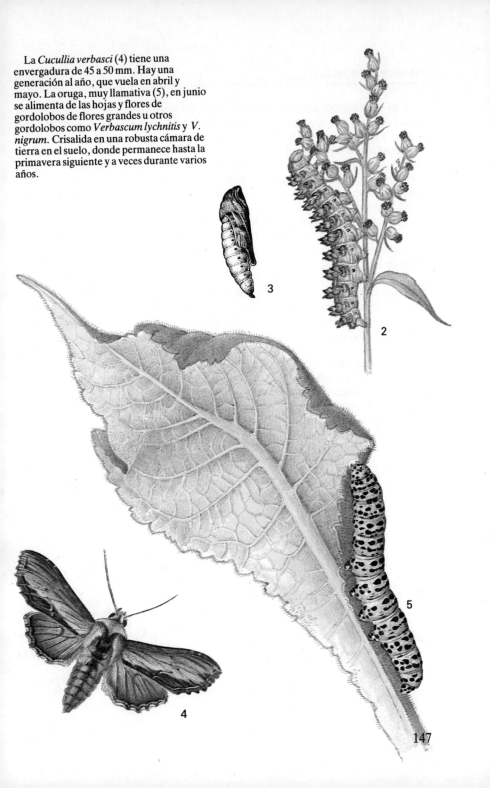

La *Cucullia verbasci* (4) tiene una envergadura de 45 a 50 mm. Hay una generación al año, que vuela en abril y mayo. La oruga, muy llamativa (5), en junio se alimenta de las hojas y flores de gordolobos de flores grandes u otros gordolobos como *Verbascum lychnitis* y *V. nigrum*. Crisálida en una robusta cámara de tierra en el suelo, donde permanece hasta la primavera siguiente y a veces durante varios años.

3

2

5

4

147

Las polillas del género *Acronicta* s.l., y en especial sus orugas, forman un grupo muy distinguido. Mientras que los imagos están en general coloreados sombríamente y se asemejan mucho los de unas especies y otras, las peludas orugas son de llamativos colores o presentan prominencias características en su cuerpo. La *Acronicta alni* es una de las polillas más distinguidamente coloreadas de todas ellas. Habita en bosques húmedos de hoja grande. Aunque no se encuentra en las regiones de más al sur de Europa, hacia el este su territorio se extiende hasta el Amur. Generalmente, se encuentra en tierras bajas, aunque a veces puede verse en montañas de hasta 1.500 metros. Siempre se ha considerado una especie bastante rara, pero en los años 80 apareció en Centroeuropa en mucha mayor cantidad que los últimos años.

La *A. rumicis* L. se encuentra en las zonas más cálidas de la región paleártica, especialmente en campos no forestales. Es una polilla común en los campos y en vertederos y, a aveces, es nociva para los jardines. Las llamativas orugas se pueden ver, generalmente, a finales de verano en campos de alfalfa, así como en otros lugares.

La *A. psi* L. es una polilla de las estepas y es más común que otras dos especies muy similares *(A. cuspis* Hb., *A. tridens* Den. et Schiff.). Estas tres especies son difíciles de diferenciar en su fase imago, pero su fase oruga es fácilmente reconocible.

La *A. menyanthidis* View. habita en pantanos y páramos y tiene una oruga negra muy típica.

Acronicta alni (1) tiene una envergadura de 33 a 38 mm. La única generación vuela en mayo y junio. Las orugas (2) se alimentan de sauce, aliso, avellano, etc.

1

2

6

4

La *A. rumicis* es de color gris oscuro con
una envergadura de 30 a 35 mm. Hay,
normalmente, dos generaciones anuales,
que vuelan en mayo y junio y en julio y
agosto. La oruga (3) es polífaga y se alimenta
de diversas hierbas.

La *psi* (4) tiene una envergadura de 30 a 40
mm. Hay dos generaciones al año como en la
especie anterior. La oruga (5) se alimenta de
matorrales y árboles de la familia de la rosa.

5

La *A. menyanthidis* View. es una polilla
gris-oscura con manchas negras y una
envergadura de 33 a 40 mm. La única
generación vuela desde mayo hasta agosto.
La oruga (6) es polífaga, alimentándose de
sauce, tormentil, trébol de agua, lisimaquia,
etc. La pupa de las cuatro especies citadas
inverna en frágiles capullos.

3

La subfamilia Amphipyrinae incluye muchas polillas relativamente grandes y de colores llamativos y algunos grandes géneros como *Apamea* O. y *Caradrina* O. que tiene una gran riqueza de especies. También está el género *Amphipyra* O., que en Europa está representado por nueve especies, de las cuales las dos siguientes son las más comunes.

La *Amphipyra pyramidea* se encuentra generalmente en bosques de hoja grande a lo largo de Europa y Asia hasta Japón. Aparte de los bosques, sólo aparece en lugares donde se dan grupos de árboles y matorrales, parques y huertos. Esta polilla no presenta gran variedad en cuanto al color. Sin embargo, últimamente los entendidos han observado una forma con unas marcas ligeramente difuminadas. Al estudiarla con más detenimiento se ha descubierto que es una especie no conocida y distinta, llamada *A. berbera* Rungs (Svensso's Copper Underwing). Hasta ahora se sabe muy poco de su distribución, pero parece tener preferencia por los bosques ribereños y en muchos biotopos es más abundante que la famosa *Amphipyra pyramidea*.

La *Amphipyra tragopogonis* Cl. también es una polilla común. Está ampliamente distribuida, tanto por los bosques como por el campo abierto, en toda Europa y Asia, aunque generalmente pasa desapercibida debido a su discreta coloración. Esta polilla es claramente fotofóbica (esquiva la luz). Durante el día se esconde en los troncos de los árboles, en grietas de las rocas, bajo las piedras y en otros lugares similares, y, cuando se encuentra al descubierto, trata de encontrar rápidamente otro lugar oscuro. Con frecuencia se esconde también en grietas o rajas de los medios de transportes, llegando en su interior a zonas muy lejanas.

5

La *Amphipyra pyramidea* (1) tiene una envergadura de 40 a 52 mm. El macho y la hembra tienen la misma coloración. La única generación anual vuela desde julio hasta octubre. El huevo inverna y la oruga (2) se desarrolla en primavera y se alimenta de abedul, roble, arce común etc. La pupa es de color pardo-oscuro brillante. Los órganos sexuales del macho (3) sirven para diferenciar esta polilla de la *A. berbera* (4) que es muy similar.

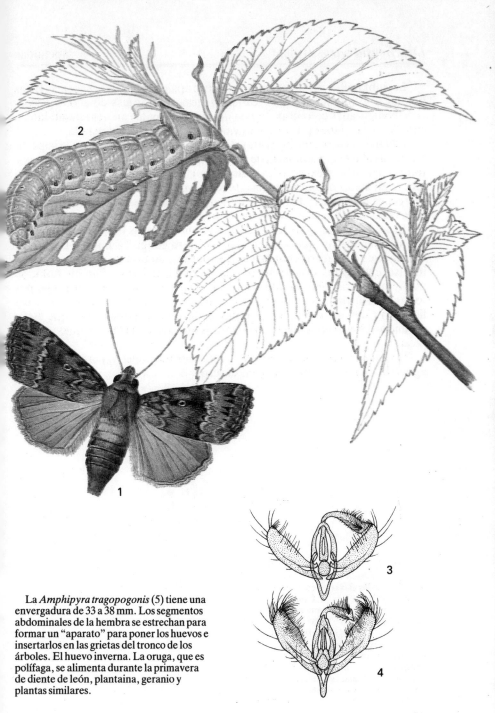

La *Amphipyra tragopogonis* (5) tiene una envergadura de 33 a 38 mm. Los segmentos abdominales de la hembra se estrechan para formar un "aparato" para poner los huevos e insertarlos en las grietas del tronco de los árboles. El huevo inverna. La oruga, que es polífaga, se alimenta durante la primavera de diente de león, plantaina, geranio y plantas similares.

151

Diachrysia chrysitis L.

Noctuidae

La subfamilia Plusiinae cuenta en Europa con unas 40 especies. Estas polillas son muy llamativas y características. Las orugas de algunas especies, comparadas con otras, tienen dos pares de patas menos, crisalidan en capullos y las pupas presentan la vaina de la trompa prolongada.

La *Diachrysia chrysitis* es muy decorativa. La mayor parte de la superficie de sus alas está recubierta de manchas verde metálico. Se distribuye por todo el paleártico, excepto las regiones polares. Se encuentra fundamentalmente en zonas de tierras bajas, donde revolotea entre los matorrales, los márgenes forestales y los valles húmedos. También se encuentra en vertederos cercanos a las viviendas de los humanos.

La *Autographa gamma* L. recibe su nombre de las brillantes marcas de sus alas delanteras, que se asemejan a la letra griega "gamma". Es una de las especies migratorias conocidas que durante su fase de crecimiento vive incluso en lugares donde no podría pasar el invierno. Por ejemplo, se puede encontrar muy al norte y en las altas montañas. Se distribuye por todo el paleártico, pero en invierno sólo se encuentra en zonas de clima cálido. En Centroeuropa, por ejemplo, cada año, las poblaciones que están pasando el invierno se mezclan con otras que llegan de las regiones subtropicales.

La *Autographa gamma* puede a veces ser muy nociva para los cultivos agrícolas cuando se multiplica en exceso.

La *Diachrysia chrysitis* (1) tiene una envergadura de 28 a 35 mm. Las manchas metálicas de las alas se unen a veces para formar una herradura (2, f. *juncta*). Normalmente, hay dos generaciones al año, que vuelan en mayo y junio y luego en julio y septiembre. La oruga inverna cuando todavía no está totalmente desarrollada. Es polífaga, aunque presenta preferencia por la ortiga muerta, la ortiga urticante, *Ballota* y plantaina, y crisalida en un capullo blanco que se sitúa entre las plantas.

5

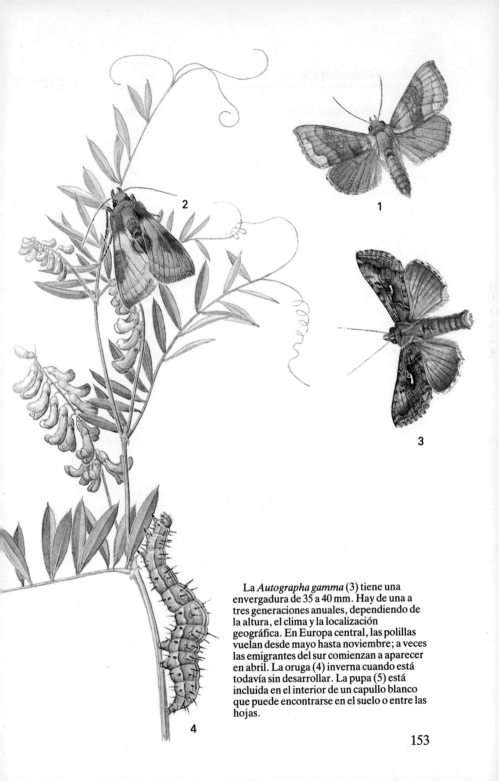

1

2

3

La *Autographa gamma* (3) tiene una envergadura de 35 a 40 mm. Hay de una a tres generaciones anuales, dependiendo de la altura, el clima y la localización geográfica. En Europa central, las polillas vuelan desde mayo hasta noviembre; a veces las emigrantes del sur comienzan a aparecer en abril. La oruga (4) inverna cuando está todavía sin desarrollar. La pupa (5) está incluida en el interior de un capullo blanco que puede encontrarse en el suelo o entre las hojas.

4

153

Catocala fraxini L.

Noctuidae

Las polillas del género *Catocala* Schr. se encuentran entre las polillas más grandes y, sin duda alguna, entre las más hermosas. Las alas traseras de las más de veinticinco especies europeas son de colores muy diversos: azul, rojo y amarillo. Sin embargo, las sombrías alas delanteras cubren y esconden esta belleza, de forma que los pájaros, cuando la polilla se posa en el tronco de un árbol, no se fijan en ella. Las alas no son coloridas sólo por belleza. Cuando les amenaza algún peligro se desenmascaran de repente para sobresaltar al enemigo y entonces la polilla tiene la oportunidad de escapar mediante un rápido vuelo zigzagueante. Las polillas del género *Catocala* son normalmente muy precavidas, y es difícil acercarse a ellas cuando descansan durante el día.

La *Catocala fraxini* vuela por las riberas y por los bosques húmedos de hoja grande, en los valles con ríos y riachuelos. Se distribuye por toda la región paleártica, excepto en las zonas secas del sur y en América del Norte. Las manchas y el color de la polilla adulta son enormemente variables. Algunos ejemplares tienen las alas delanteras de color blanco verdoso pálido, mientras que otros presentan las alas muy oscuras con manchas confusas. El color azul puede aparecer desde blanco azulado hasta azul fuerte violeta.

La especie *Ephesia fulminea* Sc. es una polilla termófila de bosques esteparios y estepas. Se encuentra en biotopos adecuados desde Europa, atravesando toda Asia hasta Japón. Antiguamente era una polilla relativamente común, pero ha desaparecido de muchas localidades y en otras es mucho menos abundante que antes debido al cultivo intensivo del campo, la eliminación de matorrales y el uso de pesticidas.

La *Catocala fraxini* (1) tiene una envergadura de 75 a 95 mm. Hay una generación anual, que vuela desde junio hasta octubre. Los huevos (2) invernan y en primavera las orugas (3) emergen y se alimentan de las hojas de diversos árboles de hoja grande como el álamo, sauce, fresno y roble. Alcanzan la madurez en junio y julio, tras lo cual crisalidan entre las hojas que tejen entre sí. La pupa (4) es negra con tonalidades azules. La polilla adulta aviva tras dos o tres semanas.

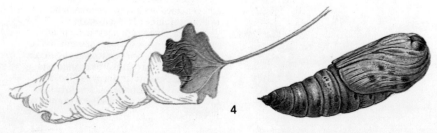

4

La *Ephesia fulminea* Sc. (5) tiene una envergadura de 45 a 52 mm. Hay una generación al año, que vuela desde junio hasta agosto. La fase que inverna es el huevo. En primavera la oruga se alimenta de endrino y ciruela salvaje, y, a veces, también de espino. En el mes de mayo ya crisalida entre las hojas que teje entre sí.

5

1

2

3

Catocala Nupcial
Catocala nupta L.

Entre las polillas de coloración roja del género *Catocala* Schr. ésta es una de las más abundantes. Habita en bosques de hoja grande y se distribuye por toda Europa hasta Asia oriental, con excepción de las regiones más secas del sur y aquellas que sobrepasan el Círculo Polar Artico. Sobre todo, se encuentra en bosques cercanos a ríos, así como en aguas tranquilas, pero también se puede dar en bosques mixtos bastante húmedos a alturas de hasta 1.000 metros. También le gustan los parques urbanos y, por ello, con frecuencia, se ha visto en grandes ciudades con gran contaminación atmosférica. Como la mayor parte de los miembros de este género, la polilla adulta tiene un período de vida media muy largo. Los huevos, que maduran sucesivamente, los ponen en pequeños grupos o de uno en uno en pequeñas grietas del tronco de los árboles. Para ello, las hembras tienen un abdomen muy fino y son capaces de depositar los huevos incluso en grietas muy profundas. Durante la noche se puede atraer fácilmente a la *Catocala nupcial* cubriendo con cebo el tronco de los árboles. Entonces, con la ayuda de una linterna, es posible observar cómo la polilla succiona el jugo con su larga trompa. Entre las polillas rojas puede de vez en cuando haber especímenes con las alas posteriores amarillas (f. *flava*).

La *Catocala sponsa* L. tiene las alas posteriores de color carmesí oscuro y las manchas de las alas anteriores destacan más que en otras especies similares. Siendo una polilla termófila, se distribuye por el norte de Africa, Asia Menor y las regiones templadas de Europa hasta los Urales. Es una especie que vuela antes que otras especies de *Catocala*.

2

La *Catocala Nupcial* (1) tiene una envergadura de 65 a 75 mm. El color del macho y de la hembra es igual. Hay una generación anual en la que las polillas vuelan desde finales de julio hasta octubre. La oruga (2) se alimenta de sauces y álamos durante la primavera. La pupa (3) se puede encontrar entre hojas entretejidas desde junio hasta agosto, ya que el desarrollo de las orugas es muy desigual (incluso para los huevos de la misma puesta). Pasan el invierno en estado de huevo.

La *Catocala sponsa* (4) tiene una envergadura de 60 a 70 mm. Las polillas de la única generación vuelan desde finales de junio hasta septiembre. Los huevos invernan. La oruga, a rayas marrones y grises, presenta en los segmentos abdominales quinto y sexto grandes prominencias. Se alimenta de robles durante los meses de mayo y junio.

157

Harpía
Cerura vinula L.
Notodontidae

La familia Notodontidae incluye unas 2.000 especies. La mayoría de ellas son originarias de Sudamérica; sólo unas 40 son originarias de Europa. En esta especie las orugas son especialmente interesantes. Con frecuencia, presentan tubérculos o protuberancias en el cuerpo o tienen el último par de patas modificado en apéndices con forma de horquilla o bifurcados. El gusano ilustrado de la Harpía es un ejemplo típico. Cuando se siente irritado adopta una postura defensiva, metiendo su cabeza dentro del primer segmento torácico y proyectando unos flagelos rojos desde el apéndice bífido del final del abdomen. La Harpía se distribuye en la zona de bosques de hojas grande por toda la región paleártica. En las montañas se encuentra en alturas de hasta 2.500 metros. Vive en bosques húmedos de valles con ríos y riachuelos. Raramente se puede encontrar la polilla adulta en zonas salvajes, pero las extrañas y llamativas orugas se pueden ver con frecuencia en sauces y álamos.

El Guerrero del Haya *(Stauropus fagi* L.) se encuentra en bosques de hoja ancha de zonas más cálidas de Europa y Asia; muy de vez en cuando puede aparecer en Gran Bretaña e Irlanda y en las montañas hasta los 1.500 metros. En el sur de Asia puede llegar a sobremultiplicarse, apareciendo en vastas cantidades y causando daños en los bosques de hoja grande. La polilla adulta, aunque es grande, tiene un color apagado. Con frecuencia es atraída por la luz, y una vez que se posa no hay nada que le moleste; puede incluso llegar a cogerse con la mano. La extraordinaria oruga tiene unas patas anteriores muy largas y en postura de defensa parece una araña.

3

La Harpía (1) tiene una envergadura de 45 a 70 mm. El macho se diferencia de la hembra en el tamaño y porque tiene antenas pectinadas. Las polillas de la única generación vuelan desde abril hasta julio, dependiendo de la altura. La oruga (2) se alimenta desde junio hasta septiembre de sauces y álamos. Crisalida en un capullo tapado con trozos de madera unidos a una

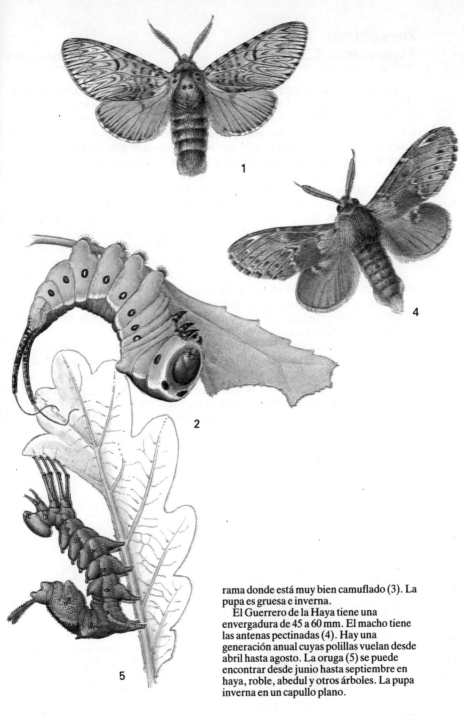

1

4

2

5

rama donde está muy bien camuflado (3). La pupa es gruesa e inverna.

El Guerrero de la Haya tiene una envergadura de 45 a 60 mm. El macho tiene las antenas pectinadas (4). Hay una generación anual cuyas polillas vuelan desde abril hasta agosto. La oruga (5) se puede encontrar desde junio hasta septiembre en haya, roble, abedul y otros árboles. La pupa inverna en un capullo plano.

Ziczac-Ziczac
Eligmodonta ziczac L.

Notodontidae

La Ziczac-Ziczac se distribuye por toda Europa y Asia hasta el Lejano Oriente. Se encuentra tanto en zonas de tierras bajas como en altas montañas de hasta 2.500 metros, es decir, allí donde crezcan las plantas nutricias de las orugas como los sauces y álamos. Sin embargo, los lugares donde realmente se encuentra en su casa es en bosques llanos inundados, en los márgenes húmedos de bosques mixtos, en los caminos llenos de barro de los bosques, claros y valles de ríos y arroyos. Rara vez se ve la polilla adulta, a menos que uno decida ir de caza por la noche con una luz y una hoja. Casi siempre habrá varios especímenes atraídos por la luz que volarán alrededor un rato para acabar posándose en la hoja de papel, tras lo cual nada conseguirá molestarles. Sin embargo, es más fácil obtener una polilla adulta de la oruga, que es una criatura muy extraña comparada con cualquier otra especie. Cuando descansa, el extremo posterior del abdomen de la oruga se levanta y presenta dos grandes protuberancias o "jorobas" en los segmentos anteriores. El tórax es muy estrecho y la cabeza muy grande. La oruga presenta una coloración muy variada y puede ser gris, parda, azul, verde o violeta. Parece muy llamativa, pero en realidad imita fielmente las enrevesadas hojas y agallas de sus plantas nutricias.

Una oruga muy semejante, con varias "jorobas" en la zona dorsal, es la oruga de la especie Notodonta Jorobada *(Notodonta dromedarius* L.*)*, que se distribuye en la zona forestal de Europa y Asia. Se encuentra en zonas de tierras bajas, así como en regiones montañosas, en bosques mixtos y en los márgenes de los terrenos pantanosos. También es frecuente en los parques de las ciudades y en lugares con grupos de árboles más grandes.

4

La Ziczac-Ziczac (1) tiene una envergadura de 40 a 45 mm. El macho tiene las antenas pectinadas o plumosas, mientras que las de la hembra son erizadas (en forma de cerda). Hay una o dos generaciones anuales, según las condiciones meteorológicas y la altura de la localidad. En el caso de una sola generación, las polillas vuelan en junio y julio; en el caso de dos generaciones, vuelan desde abril hasta agosto. La oruga (2) se alimenta en verano o durante el otoño de sauces cabrunos u otros

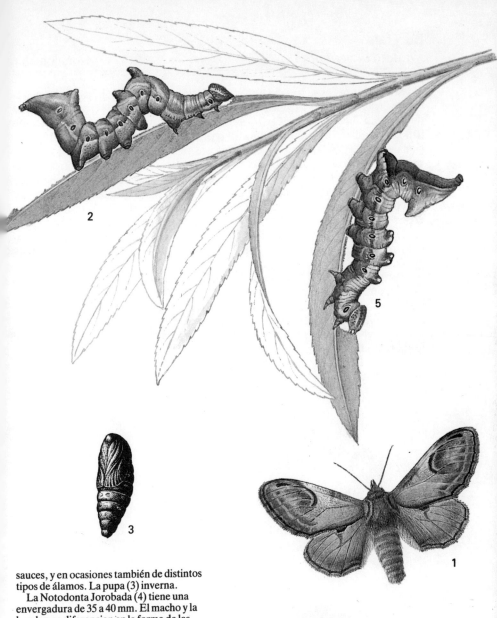

2

5

3

1

sauces, y en ocasiones también de distintos
tipos de álamos. La pupa (3) inverna.
   La Notodonta Jorobada (4) tiene una
envergadura de 35 a 40 mm. El macho y la
hembra se diferencian en la forma de las
antenas. Hay una o dos generaciones
anuales que vuelan desde mayo hasta
agosto. Las orugas (5) aparecen hasta la
llegada del otoño sobre abedules, sauces,
álamos, avellanos y otros semejantes. La
pupa inverna en un fuerte capullo entre
hojas entretejidas.

Bucéfalo
Phalera bucephala L.

Notodontidae

Sólo algunas especies de notodóntidos tienen orugas pilosas —un notable contraste con las orugas tan suaves y estrafalarias de otros ejemplares de esta familia—. El Bucéfalo es una polilla relativamente abundante, de tono plateado, con manchas amarillas grandes y circulares en el borde exterior de las alas. Al principio, estas pilosas orugas viven agrupadas, descansando varias de ellas una al lado de la otra con los extremos posteriores elevados. Sólo en la última fase de su desarrollo, cuando el suministro de alimento se hace insuficiente en un espacio tan reducido, se diseminan por las copas de los árboles. Aun así, rasgan todas las hojas de las ramas. Esta especie se encuentra distribuida por Europa y Asia hacia el Lejano Oriente. Habita en los bosques mixtos de hoja grande y es corriente también encontrarla en las grandes ciudades. El imago vive escondido, pero la luz le atrae.

Entre las diversas especies del género *Pygaera* O., que normalmente se divide en dos géneros distintos *(Pygaera* O. y *Clostera* Sam.), el más común es el *Pygaera curtula* L. Este último se distribuye en la zona forestal por toda la región paleártica. Sus lugares favoritos son las zonas húmedas cercanas al agua. La oruga, pilosa y colorida, vive en hojas entretejidas, al igual que la oruga de la *Pygaera pigra* Hfn. Esta especie es más amante de los fríos y abunda fundamentalmente en las zonas montañosas, alcanzando alturas de hasta 2.500 metros, en pantanos y prados húmedos.

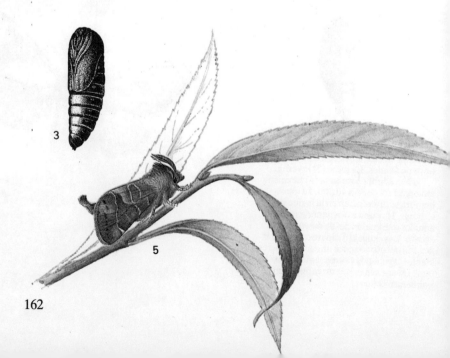

La Bucéfalo (1) tiene una envergadura de 42 a 55 mm. El macho es más pequeño que la hembra. Las polillas de la única generación vuelan desde mayo hasta julio. La oruga (2) se desarrolla entre julio y septiembre, en que se introduce en la tierra y se transforma en una pupa negra (3) en el interior de una celda de tierra. La pupa inverna, con frecuencia incluso dos veces, antes de que el individuo adulto avive. La oruga se puede encontrar en limeros, robles, sauces, avellanos, etc.

La *Pygaera curtula* (4) tiene una envergadura de 27 a 35 mm. El macho se diferencia de la hembra en que tiene antenas pectinadas. Hay dos generaciones al año cuyas polillas vuelan desde mayo hasta agosto. La oruga vive en álamos y sauces. La pupa inverna.

La *Pygaera pigra* (5) tiene una envergadura de 22 a 27 mm. El dimofismo sexual, desarrollo y número de generaciones coincide con la *Pygaera curtula*. La oruga vive en hojas entretejidas en las copas de sauces y álamos jóvenes, sobre todo del sauce cabruño.

Esfinge Ocelada
Smerinthus ocellata L. Sphingidae

Los esfíngidos se encuentran entre las mariposas nocturnas más grandes del mundo. Incluyen alrededor de las 1.000 especies, en su mayoría originarias de los trópicos. Sólo unas 20 especies viven en Europa. Entre ellas hay un grupo de polillas con piezas bucales tan rudimentarias que no son capaces de alimentarse. Estos tienen el cuerpo peludo y los márgenes exteriores de las alas presentan hendiduras más o menos profundas. Cuando se posan mantienen las alas horizontales, no unidas, en forma de tejado sobre el cuerpo como los otros esfíngidos. Las orugas están recubiertas de unos granos toscos, tanto por la cabeza como por el resto del cuerpo. De este grupo hay cuatro especies que viven en Europa. Antiguamente las cuatro estaban clasificadas en el género *Smerinthus* Latr., pero sólo la famosa Esfinge Ocelada ha permanecido en él, el resto pasaron a unos géneros nuevos. La Esfinge Ocelada se distribuye en Europa y Asia occidental, donde habita en bosques ribereños y en la vegetación costera. Abunda a lo largo de su territorio, dándose desde el nivel del mar hasta en las altas montañas, alcanzando alturas de aproximadamente 2.000 metros. También se le puede ver en los parques de las ciudades, huerta y viñedos. Es activa durante la noche.

Otra especie de este grupo que también es abundante es la Esfinge del Alamo *(Laothoe populi* L.), que se distribuye por toda Europa y Asia hasta los Altai. Se encuentra principalmente en regiones de tierras bajas, pero también puede aparecer en montañas de hasta 1.600 metros y en localidades parecidas a las de la especie anterior. Su color es relativamente variable. Sólo vuela por la noche, y después de media noche es atraída por la luz.

3

La Esfinge Ocelada (1) tiene una envergadura de 70 a 80 mm. Hay una generación anual cuyas mariposas vuelan desde mayo hasta agosto. La oruga (2) vive desde junio hasta septiembre en sauces, álamos, manzanos y otros árboles. Una de las características que distingue a esta especie de otras orugas semejantes es el espolón azul del extremo posterior. Se transforma en pupa en el suelo. La pupa (3) es de color negro pardusco o negro con un ligero brillo e inverna.

La Esfinge del Álamo (4) tiene una envergadura de 65 a 90 mm. Hay una o dos generaciones anuales, dependiendo del clima y de la altura. La primera vuela desde mayo hasta julio, la segunda desde agosto hasta septiembre. El ciclo de vida, incluyendo la invernación de la crisálida, es igual que en la especie anterior. La oruga se nutre de álamos y sauces. La pupa es negra y se puede encontrar en el suelo al pie de los viejos álamos desde el otoño hasta la primavera siguiente.

165

Esfinge de la Calavera o Mariposa de la Muerte
Acherontia atropos L.

Los esfíngidos destacan por su excelente y sostenido vuelo. Tienen unas alas firmes y estrechas dotadas de fuertes músculos y un cuerpo con forma aerodinámica. Para ellos, cubrir distancias de miles de kilómetros no constituye ningún problema. Una de las polillas migratorias más importante es la Esfinge de la Calavera o Mariposa de la Muerte, llamada así en muchos idiomas porque las manchas del tórax se asemejan a una calavera humana. La vivienda permanente de esta especie es Africa tropical y el suroeste de Asia. Sin embargo, desde allí vuela hasta muy lejos todos los años en varias direcciones, apareciendo como visitante incluso en Europa. Allí la hembra pone sus huevos, de los que emergen las orugas, que estarán ya completamente desarrolladas hacia el final del verano, y entonces pasan al estado de pupa. Normalmente, la pupa perece en el suelo, ya que las mariposas necesitan una temperatura para avivar diferente de la que generalmente hace en otoño en Centroeuropa. De vez en cuando la pupa inverna y la polilla emerge en primavera. La pupa de la Mariposa de la Muerte es muy grande y se puede encontrar en algunas ocasiones cuando se aran las patatas, y los ejemplares adultos se pueden obtener a partir de las pupas manteniéndolas en un lugar cálido.

El centro y el norte de Europa también son frecuentados con regularidad por otra gran especie migratoria, la Esfinge de la Correhuela *(Agrius convolvuli* L.), a pesar de que no vive allí permanentemente. Las mariposas adultas tienen una probóscide o trompa extraordinariamente larga (hasta de 10 cm.) que les permite succionar el néctar, incluso de las flores más profundas, y con forma de trompeta como las de la planta del tabaco o las petunias. Durante el día se pueden ver posadas en los troncos de los árboles, en las vallas, paredes, etc.

3

La Mariposa de la Muerte (1) tiene una envergadura de 80 a 120 mm. En junio y julio llegan a Europa las polillas de los trópicos y en ellas se desarrolla una generación de orugas (2) durante el verano. La pupa (3), que mide de 5 a 7 cm. de longitud, descansa profundamente hundida en la tierra (de 15 a 40 cm. bajo la superficie) en una celda de tierra. En caso de que las mariposas emerjan de la pupa, lo que ocurre sólo en contadas ocasiones, vuelan desde septiembre hasta noviembre. Las orugas se alimentan de diversas plantas de la familia de la hierba mora como la belladona, beleño y

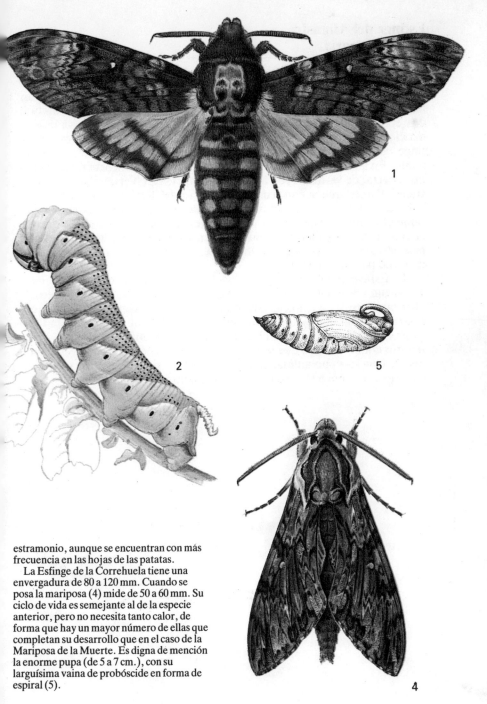

1

2

5

estramonio, aunque se encuentran con más
frecuencia en las hojas de las patatas.

La Esfinge de la Correhuela tiene una
envergadura de 80 a 120 mm. Cuando se
posa la mariposa (4) mide de 50 a 60 mm. Su
ciclo de vida es semejante al de la especie
anterior, pero no necesita tanto calor, de
forma que hay un mayor número de ellas que
completan su desarrollo que en el caso de la
Mariposa de la Muerte. Es digna de mención
la enorme pupa (de 5 a 7 cm.), con su
larguísima vaina de probóscide en forma de
espiral (5).

4

Esfinge del Aligustre
Sphinx ligustri L.

Sphingidae

Este esfíngido se distribuye por toda la región paleártica desde el norte de Africa y Europa hasta Japón. No existe en las regiones frías y nórdicas; aunque se ha visto en ellas en algunas ocasiones, los especímenes capturados eran siempre individuos que habían vagado hacia allí y cuya descendencia nunca podría sobrevivir el crudo invierno. En Centroeuropa la Esfinge del Aligustre es una especie indígena que es relativamente abundante. En las noches calurosas emprende el vuelo al anochecer, succionando el néctar de las flores con forma de trompeta de diversas plantas y matorrales. Parece que sus movimientos dentro del territorio que habita son bastante complejos. Las poblaciones locales aparentemente aumentan durante el verano debido a las que llegan del sur. Sólo así es posible explicar la existencia de polillas en agosto en Centroeuropa cuando es todavía demasiado temprano para que se dé una segunda generación local y demasiado tarde para la primavera.

La Esfinge del Pino (*Hyloicus pinastri* L.) es una especie muy común en los bosques de coníferas, sobre todo en aquellos que son bastante secos. Se distribuye por toda Europa excepto por el sur, y su territorio hacia el este se extiende más allá de los Urales hasta el lago Baikal. Es un excelente volador y parece que vaga por el campo incluso más allá de los límites del territorio donde vive, ya que se ha observado lejos de los bosques de coníferas. Se considera un animal dañino. Durante el siglo xx la forma melánica (f. *unicolor*) comenzó a aparecer en las zonas industriales.

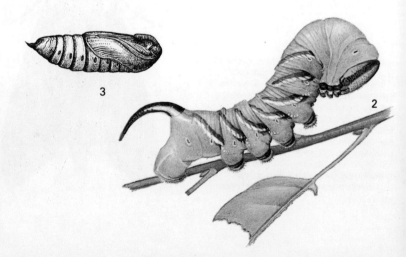

3

2

La Esfinge del Aligustre (1) tiene una
envergadura de 90 a 120 mm. La hembra es
generalmente mayor que el macho. Hay una
generación anual cuyas polillas vuelan desde
mayo hasta julio. Las orugas (2) se
desarrollan desde julio hasta septiembre y
luego crisalidan en el suelo. Se alimentan de
las hojas de diversos matorrales,
principalmente de *Ligustrum* común, lilas,
Spiraea y *Symphoricarpos*. La pupa (3) es de
color pardo rojizo apagado y tiene una vaina
de trompa corta.

La Esfinge del Pino (4) tiene una
envergadura de 65 a 80 mm. Hay una o dos
generaciones al año que vuelan desde mayo
hasta julio; a mayores alturas, y en caso de
una posible segunda generación, se han visto
volando también en agosto. La oruga (5) se
alimenta de las hojas del pino, con menos
frecuencia de abeto falso o picea y abeto, y
muy rara vez de alerce. Se puede encontrar
desde julio hasta septiembre, después de lo
cual crisalida en el suelo al pie de algún
árbol.

169

Esfinge de las Lechetreznas o de las Euforbias
Hyles euphorbiae L.

Sphingidae

La Esfinge de las Lechetreznas habita en Europa central y sur y en Asia occidental hasta el norte de la India. En Inglaterra se considera un invitado poco frecuente. En Europa central su número ha disminuido ostensiblemente. En los años 1940 las orugas todavía se encontraban por todas partes sobre las lechetreznas en verano. En la actualidad esta polilla es una especie rara y en muchas áreas se ha extinguido. En los campos agrícolas esto se debió al uso de pesticidas, pero parece que las causas son más profundas, incluso generales. La Esfinge de las Euforbias prefiere las localidades esteparias y las dunas de arena, pero también se encuentra en los setos de las fincas y en las tierras de pasto y de barbecho. Es interesante observar las reacciones de estas polillas ante la luz. Aunque comienzan su actividad desde el anochecer y son activas durante toda la noche, la luz no les atrae hasta alrededor de la medianoche, a veces en grandes cantidades. El color de las polillas es muy variable. A menudo se pueden ver formas con las alas anteriores rosadas o a lunares marrones.

La polilla Esfinge del Cuajaleche *(Hyles gali* Rott.) se distribuye desde Europa por toda Asia hasta Norteamérica. En el único sitio que no aparece es en las regiones polares. En las montañas se encuentra a alturas de hasta 2.000 metros. En comparación con la Esfinge de las Euforbias se considera una especie rara, pero durante algunos períodos hay un cambio y entonces aparece en mucha mayor cantidad durante varios años sucesivos.

3

La Esfinge de las Lechetreznas (1) tiene una envergadura de 55 a 75 mm. La hembra suele ser mayor que el macho. En las regiones más frías hay una generación anual, en los climas más cálidos dos, y vuelan desde mayo hasta agosto. Las orugas (2) completan su desarrollo a comienzos de agosto, y las de la segunda generación todavía pueden encontrarse en septiembre y a comienzos del otoño. La pupa (3) inverna en un capullo construido a base de residuos

170

de plantas, en el suelo o en una celdilla de tierra que no es muy fuerte, ya que se sitúa justo debajo de la superficie.

La Esfinge del Cuajaleche (4) tiene una envergadura de 60 a 80 mm. Esta también tiene una o dos generaciones anuales entre mayo y septiembre. La oruga es parecida a la de la Esfinge de las Lechetreznas, aunque es menos vistosa y más oscura. La pupa también es muy semejante.

171

Esfinge Mayor de la Vid
Deilephila elpenor L.   Sphingidae

Esta especie es un esfíngido muy común en Europa, donde sólo no aparece en la zona norte. Hacia el este, su territorio llega hasta Japón. Es muy abundante a niveles medio y subalpino, aunque puede encontrarse también en montañas hasta los 1.500 metros. Sus lugares favoritos son los valles de bosque entre montañas, claros de bosques con crecimiento de hierbas altas y, en zonas bajas, las zonas de vegetación costera cercanas a ríos, arroyos y charcas. A pesar de que las orugas se han encontrado sobre muchas plantas, incluyendo árboles frutales y viñedos, parece que la Esfinge de la Vid es partidaria de dos plantas en particular: la adelfilla o *Epilobium angustifolium,* en los bosques y valles entre montañas, y del *Epilobium hirsutum.* Algunas características interesantes de la oruga son la forma del cuerpo (que adelgaza repentina y acentuadamente hacia la cabeza) y las manchas de los segmentos torácicos, que parecen ojos y cuyo objetivo es asustar a los posibles atacantes.

La Esfinge Menor de la Vid *(Dilephila porcellus* L.) es una especie de Esfinge Mayor de la Vid en miniatura. Las orugas también son muy semejantes. Esta polilla, ampliamente distribuida por Europa y Asia hasta los Altai, vive en zonas herbáceas ricas en hierbas con flores, en los márgenes de los bosques, estepas y bosques esteparios. También abunda en las ciudades en donde quiera que haya mucho verde. Es raro verla durante el día, pero por la noche es frecuente que salga a la luz. La coloración es muy variable, yendo desde rosa hasta rojo carmín oscuro, más distintos sombreados de verde en las alas anteriores; las alas posteriores pueden llegar a ser casi negras.

4

La Esfinge Mayor de la Vid (1) tiene una envergadura de 45 a 60 mm. Hay una generación anual. El período en que las polillas vuelan depende de la altura, pero suele ser entre mayo y julio o incluso más tarde. La oruga es polífaga y vive desde mayo hasta septiembre. Hay dos formas: una parda (2) y otra verde (3). La pupa (4) inverna. Tiene un cremáster grande.

La Esfinge Menor de la Vid (5) tiene una envergadura de 40 a 45 mm. y es uno de los esfíngidos más pequeños. Hay una generación anual, y en años más cálidos hay una segunda generación parcial. Las polillas de la primera generación vuelan desde mayo hasta comienzos de julio, las de la segunda generación pueden encontrarse en agosto. En verano la oruga se alimenta de cuajaleches, adelfillas y otras plantas. La pupa es larga y delgada e inverna en el suelo.

Esfinge Colibrí
Macroglossum stellatarum L.

Sphingidae

La Esfinge Colibrí habita en las zonas más cálidas de la región paleártica y últimamente se ha visto también en Norteamérica. Sin embargo, es una emigrante tan pronunciada que es difícil delimitar las fronteras de su distribución permanente. En los años de migraciones masivas puede aparecer de improviso incluso en las regiones polares o en montañas al borde de glaciares de alturas de hasta 3.000 metros, donde las hembras ponen los huevos y la progenie resultante puede sobrevivir durante una serie de años. Más tarde, la especie regresa al sur. En diversas ocasiones, en Europa central, se ha observado que la pupa en invernación ha sobrevivido el invierno con éxito, pero luego pareció que la especie había vuelto a desaparecer. Este pequeño esfíngido vuela durante el día y es probablemente uno de los insectos voladores más rápidos del mundo. Batiendo sus alas permanece suspendida en el mismo sitio mientras succiona néctar de las flores con su larga trompa. A la luz del sol, sus ojos abultados, verdes y brillantes resultan muy llamativos. Cuando la polilla ha succionado todo el néctar de una flor se va a la velocidad del rayo a por la siguiente flor unos pocos metros más allá. Le gusta posarse en el suelo y en las rocas calentadas por los rayos solares. En los días calurosos es tremendamente precavida y vuela como un relámpago. Es interesante mencionar los pelos y las escamas que expanden la superficie que soporta el abdomen, parece ser que sirven como etabilizadores en el rápido vuelo.

Otro pequeño esfingido —la Esfinge Proserpina (*Proserpinus proserpina* Pall.)— es una especie termófila oriental cuyo territorio se extiende a través de Asia hasta las zonas más cálidas de Europa. Se encuentra en lugares arenosos y en zonas de tierras bajas cerca de los ríos y arroyos. Vuela durante la noche. En los últimos tiempos se está uniendo al grupo de las especies en peligro.

La Esfinge Colibrí (1) tiene una envergadura de 40 a 50 mm. Hay dos generaciones al año. La primera, generalmente, llega del sur entre abril y junio; la segunda vuela desde agosto hasta octubre. Las orugas son verdes o pardas (2, 3) y se alimentan de cuajaleches en julio y agosto o durante el otoño. La pupa (4) inverna. En algunos años la especie es muy

abundante, pero otros años es rara verla,
dependiendo de las migraciones.

La Esfinge Proserpina (5) tiene una
envergadura de 37 a 42 mm. Las polillas de la
única generación vuelan durante los meses
de mayo y junio. La oruga, en julio y agosto,
se alimenta de hierba del asno y *Epilobium
hirsutum*. La pupa inverna.

175

Gran Pavón de la Noche
Saturnia pyri Den. et Schiff.

Saturniidae

El Gran Pavón de la Noche es la polilla europea más grande, ampliamente distribuida en la región mediterránea, tanto en sus zonas europeas como africanas. Europa central es el límite norte de su territorio en Europa, que se extiende hacia el este a través de Asia Menor, el Cáucaso y Transcaucasia hasta Oriente Medio. Todo lo referente a esta polilla es grande. Los huevos miden casi 3 milímetros, las orugas tienen una longitud de unos 10 centímetros, el capullo es grande y la pupa es fuerte. La mariposa adulta no se alimenta y sobrevive de las reservas de grasa acumuladas por la oruga.

El Gran Pavón de la Noche se puede encontrar durante la primavera sentado con las alas ligeramente abiertas en los troncos de los árboles cerca de los grandes capullos gris-parduscos. Otras veces, durante la noche, se pueden ver descansando en una pared en la que brille la luz de alguna bombilla cercana. Asimismo, por la noche se puede ver a las polillas circulando alrededor de las luces de la calle y creando enormes sombras en el suelo. Debido a su tamaño, más parece un murciélago que un insecto.

En su origen esta polilla habitaba en zonas de bosques esteparios, pero hace ya tiempo que se adaptó a la vida en huertos y viveros en las llamadas estepas de cultivo. En ellas cayó victima de los efectos inexorables de la civilización y en las últimas décadas su número se ha visto muy reducido debido a los efectos de los productos químicos, y ahora muchos países están justamente considerando la necesidad de su protección. Este maravilloso producto de la naturaleza sólo puede sobrevivir en bosques esteparios protegidos y en campos de cultivo donde las plantas no se traten con productos químicos.

4

3

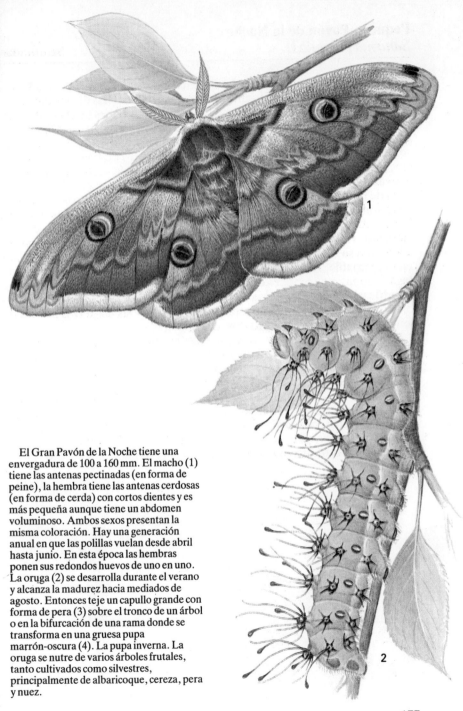

El Gran Pavón de la Noche tiene una
envergadura de 100 a 160 mm. El macho (1)
tiene las antenas pectinadas (en forma de
peine), la hembra tiene las antenas cerdosas
(en forma de cerda) con cortos dientes y es
más pequeña aunque tiene un abdomen
voluminoso. Ambos sexos presentan la
misma coloración. Hay una generación
anual en que las polillas vuelan desde abril
hasta junio. En esta época las hembras
ponen sus redondos huevos de uno en uno.
La oruga (2) se desarrolla durante el verano
y alcanza la madurez hacia mediados de
agosto. Entonces teje un capullo grande con
forma de pera (3) sobre el tronco de un árbol
o en la bifurcación de una rama donde se
transforma en una gruesa pupa
marrón-oscura (4). La pupa inverna. La
oruga se nutre de varios árboles frutales,
tanto cultivados como silvestres,
principalmente de albaricoque, cereza, pera
y nuez.

Pequeño Pavón de la Noche
Saturnia pavonia L.

El Pequeño Pavón de la Noche, ampliamente extendido por toda Europa y Asia hasta el Lejano Oriente, no sólo habita las zonas de bosques esteparios, sino también estepas rocosas y la zona de bosques mixtos y de hoja grande. En las altas montañas se puede encontrar hasta los 2.000 metros. El que aparezca en los páramos de las montañas se debe a que es capaz de soportar condiciones muy rigurosas, prácticamente como las de la tundra. Los machos vuelan en las tardes soleadas de primavera, las hembras son activas durante la noche y algunas veces pueden responder a la luz. Después de la cría, las orugas pasan por una serie de cambios de color. Al principio son completamente negras, pero despues de su primera muda tienen lunares naranjas, y éstos se hacen mayores en los sucesivos estadios de crecimiento. Hasta que no están completamente desarrolladas, las orugas no adquieren su típica coloración negra y verde, que, por otra parte, es sumamente variable: en algunos individuos el verde está muy limitado, dando lugar a zonas muy grandes de color negro, mientras que en otros prevalece el verde y las manchas negras están limitadas a pequeñas manchas. Las poblaciones de montaña son generalmente oscuras y las de tierras bajas suelen presentar colores más pálidos.

La *Aglia tau* L. muchas veces se clasifica en una familia diferente, los Syssphingidae. Se encuentra distribuida por los bosques de hoja grande de la región paleártica, excepto en las Islas Británicas, desde las zonas de tierras bajas hasta el límite superior de los bosques de haya, sobre todo a alturas de unos 300 a 500 metros. El macho vuela durante la mañana pero durante la noche responde a la luz. La hembra sólo vuela durante la noche. Esta polilla aparece muchas veces con forma oscura. La forma *ferenigra* es totalmente negra, pero son más comunes las formas de colorido intermedio, las formas tradicionales, variando en el grado de color oscuro.

6

3

El Pequeño Pavón de la Noche tiene una envergadura de 40 a 60 mm. El macho (1) es más llamativo y tiene antenas pectinadas o plumosas, mientras que la hembra (2) es mayor y carece de coloración naranja. Hay una generación anual en que las polillas vuelan desde abril hasta mayo. Ponen los huevos agrupados en las ramas (3). Las orugas (4) son polífagas. Viven desde junio hasta agosto y después tejen un capullo con forma de pera (5) en el que crisalidan. La pupa inverna.

La *Aglia tau* L. (6) tiene una envergadura de 50 a 65 mm. El macho tiene antenas pectinadas y es de color naranja pardo con manchas muy llamativas. La hembra es grande, de color pálido, y es menos móvil. Las polillas de la única generación vuelan en mayo y abril. La oruga se alimenta de hayas, abedules y otros árboles desde junio hasta agosto. Crisalida en el suelo entre las hojas y la pupa inverna.

179

Bebedora
Philudoria potatoria L.

La familia de los lasiocámpidos se distribuye principalmente en los trópicos. No existe en Nueva Zelanda y Oceanía y en Sudamérica está representada por un gran número de especies. En todo el mundo hay unas 1.300 especies; en Europa existen unas 20 especies. Son polillas de tamaño entre medio y grande, de cuerpo cubierto de pelo y anchas alas, normalmente de color amarillo-pardo. Presentan las piezas bucales degeneradas y las hembras son muy distintas de los machos. Las orugas, que andan muy lentamente, son relativamente grandes y peludas. Todas estas características son también aplicables a la Bebedora, que se distribuye en la zona templada a lo largo de la región paleártica, desde Europa occidental hasta Japón. Sin embargo, dentro de este territorio sólo aparece localmente en hábitats húmedos y con la hierba adecuada. También frecuenta los sustratos arenosos en las orillas de los ríos y arroyos. El color de la polilla es variable, y la hembra es más pálida que el macho. Durante las últimas décadas, la Bebedora ha desaparecido de muchas localidades y en todas partes es ahora menos frecuente que antes.

La Falsa Lagarta o Mariposa de la Oruga de la Librea *(Malacosoma neustria* L.) es muy conocida por ser perjudicial para los árboles frutales y se distribuye por toda Europa y Asia. Solía habitar en áreas de bosques esteparios, pero con la desaparición de sus biotopos originales encontró un biotopo sustituto en los huertos de frutas. Es interesante señalar que las plagas desastrosas no tienen lugar varias veces sucesivas en el mismo sitio, sino que siempre se mueven varios kilómetros cada año. El color de la polilla cambia, variando desde amarillo pálido hasta pardo oscuro.

La Bebedora (1) tiene una envergadura de 45 a 65 mm. El macho tiene antenas pectinadas. Hay una generación anual. Las polillas vuelan durante la noche desde junio a agosto. Como ocurre en la mayor parte de esta familia, el desarrollo de las orugas (2) es lento. Invernan antes de estar completamente desarrolladas y crisalidan en mayo o junio en un capullo entre la vegetación. Se alimentan de diversas hierbas.

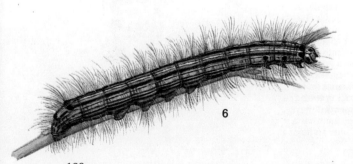

6

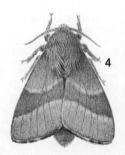

4

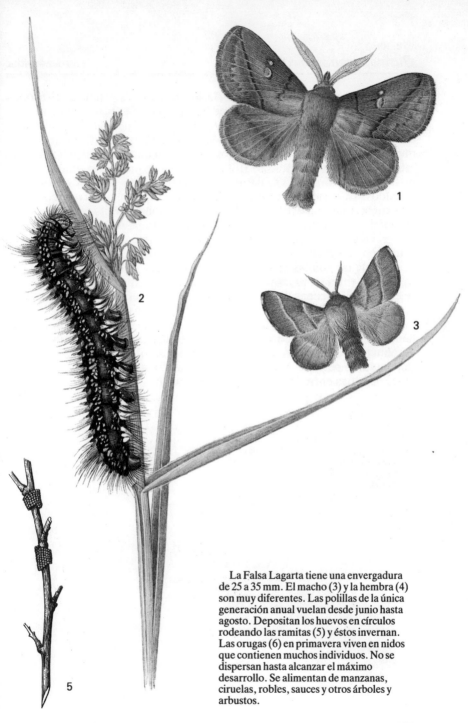

La Falsa Lagarta tiene una envergadura de 25 a 35 mm. El macho (3) y la hembra (4) son muy diferentes. Las polillas de la única generación anual vuelan desde junio hasta agosto. Depositan los huevos en círculos rodeando las ramitas (5) y éstos invernan. Las orugas (6) en primavera viven en nidos que contienen muchos individuos. No se dispersan hasta alcanzar el máximo desarrollo. Se alimentan de manzanas, ciruelas, robles, sauces y otros árboles y arbustos.

Gastropacha quercifolia L.

La *Gastropacha quercifolia* es el lasiocámpido más grande de Eruropa y su territorio hacia el este se extiende hasta Japón. Se encuentra de manera natural en bosques claros de hoja grande en áreas más cálidas, sobre todo en bosques esteparios, y también ha sabido adaptarse a zonas agrícolas con muchos árboles frutales y arbustos. Antiguamente era perjudicial, pero gracias al cultivo intensivo de fruta con el uso de productos químicos, que no han sido favorables a su bienestar, se ha limitado a huertos viejos y descuidados, así como a pastos llenos de matorrales, y se ha convertido en una especie bastante rara. El norte de Europa es donde habita la forma oscura *alnifolia,* y en el sur se encuentra la forma clara *meridionalis.* Las orugas son grandes pero su color imita las ramas, de forma que son difíciles de localizar en zonas salvajes. Tejen grandes capullos grises entre las ramas.

Una de las polillas más común de esta familia es la *Macrothylacia rubi* L. Se encuentra en todas partes, excepto en el extremo norte; sobre todo, se encuentra en zonas de tierras bajas, pero también en zonas montañosas de hasta 1.500 metros de altura. Los machos toman el aire antes de la puesta de sol, moviéndose con un vuelo suave y rápido hasta el anochecer. Las hembras son de hábitos nocturnos. Con frecuencia vuelan hacia la luz y generalmente deposita los huevos en cualquier sitio. El color de la oruga en su penúltimo período de crecimiento es interesante; es negra y marrón con rayas naranjas entre los segmentos individuales.

La *Gastropacha quercifolia* L. (1) tiene una envergadura de 50 a 90 mm. Cuando está posada (2), la polilla cierra sus alas de forma que parece completamente una hoja seca retorcida. El dimorfismo sexual es evidente en el tamaño de las mariposas, la

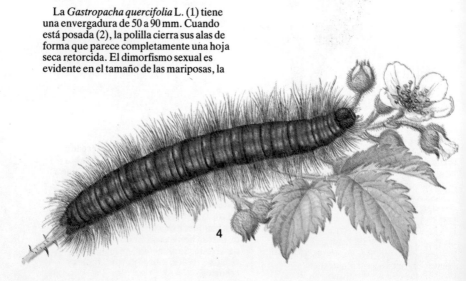

4

182

voluminosidad del cuerpo y la forma de las
antenas. Hay una generación anual, aunque
en el sur de Europa se dan dos. El período de
vuelo es desde junio hasta agosto. La oruga
vive desde septiembre durante todo el
invierno y hasta junio y se alimenta de las
hojas de los árboles frutales, así como de los
avellanos y del sauce cabruno.

La *Macrothylacia rubi* L. tiene una
envergadura de 40 a 65 mm. El macho es más
oscuro y más pequeño que la hembra (3).
Las polillas de la única generación vuelan
desde mayo hasta julio. La oruga (4), que es
polífaga, se desarrolla muy despacio y en
primavera cambia a una pupa marrón-oscura
en el interior de un capullo marrón.

183

Lasiocampa quercus L.

Lasiocampidae

El macho recién criado de estos grandes lasiocámpidos es una criatura realmente preciosa. La hembra, más grande y más pálida, no es ni mucho menos tan llamativa. Las hembras revolotean en un vuelo molesto a última hora de la tarde, pero responden a la luz incluso por la noche. Los machos vuelan en los días soleados con un vuelo salvaje y zigzagueante. Cazar un macho volando con una red es una verdadera hazaña o más probablemente una gran suerte. Por ello, la mayor parte de los ejemplares de las colecciones provienen de individuos cultivados. Las orugas son oscuras y pilosas y pueden medir hasta unos 8 centímetros de longitud; con frecuencia se encuentran en los bosques. El cultivo de polillas a partir de los huevos es una tarea muy laboriosa, a pesar de que la hembra capturada los pone con toda facilidad. Las orugas se desarrollan muy lentamente y durante la invernación mueren bastantes. La *Lasiocampa quercus* se encuentra ampliamente distribuida en los bosques de Europa y Asia, desde zonas de tierras bajas hasta las altas montañas, pero no es especialmente abundante en ningún sitio.

La Hoja Muerta del Pino *(Dendrolimus pini* L.) es una especie de polilla muy común de los bosques mixtos y de coníferas por toda la región paleártica, excepto el norte de Africa, el sur de Europa, las Islas Británicas e Irlanda. A veces resulta perjudicial para los bosques y aparecen brotes a intervalos largos en ciclos de varias décadas, principalmente en monocultivos de pino en condiciones de bastante sequía. En cuanto a coloración, es muy variable. Asimismo, existe una gran diferencia entre el macho y la hembra, siendo el macho mucho más llamativo. Hay una forma muy vivamente coloreada, *montana,* que se encuentra en las montañas, y una forma oscura, *obscura,* que se encuentra en los pantanos. Muchas veces se pueden ver ejemplares más pálidos (forma *grisescens)* en las regiones de tierras bajas.

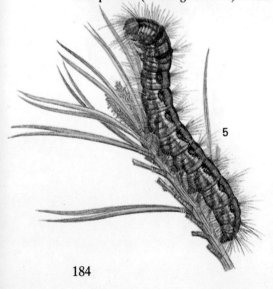

5

La *Lasiocampa quercus* L. (1) tiene una envergadura de 45 a 75 mm. Presenta un acusado dimorfismo sexual. Hay un generación anual en que las polillas vuelan desde junio hasta agosto (dependiendo de la altura). La oruga (2), que es polífaga, vive desde agosto durante todo el invierno hasta mayo. En general, se alimenta de arándanos, sauces cabrunos, brezo y roble. Crisalida en un capullo con forma de óvalo (3).

La Hoja Muerta del Pino (4) tiene una envergadura de 45 a 70 mm. Su acentuado dimorfismo sexual es evidente en el tamaño y color y también en la forma de las antenas. Las polillas de la única generación anual vuelan desde junio hasta agosto. La oruga (5) vive de la misma manera que la de la especie anterior y crisalida en primavera. Se suele alimentar de diversas especies de pino y, con menos frecuencia, de abetos y abetos falsos.

Falsa Esfinge
Endromis versicolora L.

Endromidae

La Falsa Esfinge es una de las joyas de la naturaleza de la primavera y una polilla digna de mención en diversos aspectos. Es el único representante de una familia monotípica, que significa que en todo el mundo no existe una especie relacionada. La familia Endromidae tiene un sólo género, *Endromis* O., con una única especie, *versicolora* L. Esta polilla ocupa un territorio muy extenso. Se encuentra en áreas boscosas y bosques esteparios a lo largo de la zona templada del paleártico, donde crecen varias especies de Bidens. En otras palabras, se encuentra en toda Europa, y en Asia en la mayor parte de Siberia hasta el Lejano Oriente.

La polilla emprende el vuelo a comienzos de la primavera (a veces en marzo ya ha empezado a volar), en bosques húmedos y arboledas de abedules, pero en las zonas pantanosas y en las montañas no comienza a volar hasta mayo. La hembra sólo vuela durante la noche, mientras el macho revolotea tanto de noche como de día. La actividad diurna del macho es muy curiosa y se acopla a un cierto ritmo diario. Se pueden observar volando en las mañanas soleadas entre las diez y las doce del mediodía en un vuelo rápido y zigzagueante. En algunos lugares son muy abundantes, aunque prácticamente imposibles de cazar. El mejor método para obtener ejemplares es saliendo en una mañana muy fría y golpear los troncos de los abedules, y entonces las rígidas y entumecidas polillas caerán al suelo. Estas mariposas también son atraídas por la luz.

La Falsa Esfinge es todavía una mariposa nocturna común pero era mucho más numerosa antiguamente. La razón de su decaimiento parece ser la práctica forestal actual y, quizá también, la contaminación atmosférica.

3

La Falsa Esfinge tiene una envergadura de 45 a 60 mm. El macho (1) es muy vistoso, tiene antenas pectinadas o plumosas y un cuerpo peludo y delgado. La hembra (2) es más grande y más blanca, tiene un abdomen más fuerte y las antenas, con forma de peine, están provistas de unas ramificaciones más cortas. Hay una generación anual. Las mariposas vuelan desde marzo hasta mayo. La oruga (3) vive desde mayo hasta julio y se alimenta de las hojas de abedules, avellanos, carpe y sólo en contadas excepciones de alisos, limeros y otros árboles. La pupa (4) es parda-gris oscura y finamente granulada. Se encuentra entre la basura del suelo en el interior de una cámara construida con hojas secas entretejidas y trocitos de tierra. La polilla emerge después de la invernación, a veces unos cuantos años después.

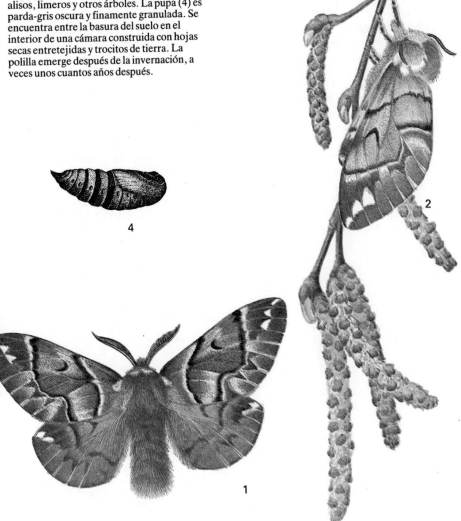

4

2

1

187

La Thyatiridae es una pequeña familia que incluye unas 150 especies en todo el mundo y que se encuentra distribuida por Europa, Asia y Norteamérica. En Europa viven aproximadamente unas 20 especies, de las cuales la *Thyatira batis* es sin duda la más atractiva. Se encuentra en las zonas de climas templados desde Europa occidental hasta Japón y es una especie de bosque que se encuentra en abundancia allí donde haya bosques despoblados y claros de bosques con frambuesos y arbustos de moras. Con frecuencia se puede encontrar cerca de riachuelos, en los valles entre montañas hasta alturas de 1.500 metros, así como en zonas de tierras bajas y en localidades de bosques húmedos, tales como las partes no inundadas de los bosques ribereños, en bosquecillos de la costa y lugares semejantes. Sólo vuela durante la noche. Las manchas que presentan sus alas anteriores pueden ser muy variables, pero siempre mantienen el dibujo básico. La variabilidad sólo se puede apreciar en un examen más detenido de una serie de ejemplares.

Otro decorativo miembro de esta familia es la *Habrosyne pyritoides* Hfn., que ocupa un territorio todavía mayor. Se encuentra relativamente abundante en todos los bosques, desde tierras bajas hasta altas montañas. Aparece en bosques esteparios y en zonas cultivadas, en jardines y parques. Las polillas muestran poca variabilidad en cuanto al color. En Europa, la *Habrosyne pyritoides* es la única especie de este género. El lugar más cercano donde uno podría encontrar especies relacionadas es en la parte este de la región paleártica.

3

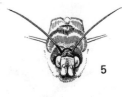

5

La *Thyatira batis* L. (1) tiene una envergadura de 32 a 38 mm. No existe dimorfismo sexual. Hay dos generaciones al año cuyas polillas vuelan desde mayo hasta julio y de nuevo en agosto. En climas más fríos sólo se da una generación, que vuela en junio hasta septiembre. La oruga (2) se alimenta de las hojas de frambuesos y arbustos de moras. Crisalida entre las hojas entretejidas de las plantas o en el suelo. La pupa (3) inverna.

La *Habrosyne pyritoides* Hfn. (4) tiene una envergadura de 35 a 40 mm. No existe diferencia alguna en el color de la hembra y del macho. La polilla es muy peluda (5). Hay una generación anual en que las polillas vuelan desde junio hasta agosto. Las orugas están completamente desarrolladas en otoño, como las de la especie anterior. La pupa inverna.

La gran familia de los geométridos cuenta con 4.000 especies distribuidas por todo el mundo en todos los continentes. Unas 800 aproximadamente viven en Europa. Son polillas de cuerpo delgado y alas anchas. Las hembras de muchas especies tienen alas vestigiales. Una característica típica de los geométridos es el órgano ciliado que presentan los adultos en la cabeza. Su función aún no se conoce. Las orugas tienen un número reducido de patas y por ello se transportan mediante su conocido movimiento de "looping".

La *Archiearis parthenias* se distribuye en la región paleártica, en las zonas templadas y frías. Es una especie de los bosques dependiente de los abedules. En las montañas asciende al límite forestal superior y hacia el norte se extiende hasta la tundra. Es la más común de entre las tres especies europeas, de las cuales la *A. notha* Hb. se restringe a los álamos y la especie termófila *A. puella* Esp., con alas posteriores amarillas, se restringe a otras especies de álamos. Diferenciar a las dos especies, de color anaranjado, es bastante difícil, sobre todo en el caso de las hembras, que tienen las antenas muy semejantes.

La *Operophtera brumata* L. se encuentra en bosques por toda Eurasia y constituye un peligro para los bosques y los huertos de frutas. Las orugas "pelan" con frecuencia los árboles, despojándolos de las hojas. A pesar de su pequeño tamaño aparecen en grandes cantidades. Las polillas vuelan a finales de otoño, durante el período de heladas, nieves y aguanieve. Los machos vuelan durante la noche, durante el día descansan tranquilamente en los troncos de los árboles. Las hembras tienen alas vestigiales, durante la noche trepan hasta las copas de los árboles, durante el día se esconden en la hierba al pie del árbol.

5

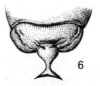

6

3

La *Archiearis parthenias* (1) tiene una envergadura de 30 a 40 mm. Hay una generación anual cuyas polillas vuelan en marzo y abril. La oruga vive desde abril hasta junio y se alimenta de abedul. Crisalida en el suelo y la pupa inverna hasta la primavera.

La *Operophtera Brumata* macho (2) tiene una envergadura de 22 a 28 mm. La hembra (3) tiene alas vestigiales y mide de 8 a 10 mm. de longitud. Las polillas de la única generación vuelan desde septiembre hasta diciembre. Los huevos invernan. Las orugas (4), que son polífagas, se crian en primavera y alcanzan su máximo desarrollo en mayo. Pueden nutrirse de casi todos los árboles de hoja grande y matorrales. Crisalidan en el suelo. La pupa (5), con su cremáster de forma característica (6), descansa hasta el otoño. Entonces la caída de las temperaturas estimula la cría de las polillas.

191

Fénix
Eulithis prunata L.

La subfamilia Larentiinae incluye muchas especies de tamaño medio y pequeño con alas anteriores dotadas de ricos dibujos. El Fénix es una de las mayores especies. Tiene una enorme distribución en Europa, Asia y Norteamérica y es relativamente abundante en todos ellos. Se encuentra en zonas de bosques esteparios y en los márgenes de bosques de hoja grande, por donde vuela durante la noche como la mayor parte de los geométridos.

La *Xanthorhoe fluctuata* L. es una de las polillas geométridas que más abundan. La mayoría de los geométridos son especies de bosques, pero esta polilla es una de las excepciones. Se puede observar prácticamente en todas partes en zonas de tierras bajas, en los restos de vegetaciones naturales, así como en basureros. Su territorio, como el del Fénix, se extiende desde Europa hasta Norteamérica. La polilla es interesante porque no se oculta durante el día. Sencillamente, se sienta sobre una hoja o en el tronco de un árbol y aún pasa desapercibida, ya que su color la hace parecer cagarrutas de pájaros.

La *Camptogramma bilineata* L. es una de las muchas especies (en Europa hay más de 100) que en un principio se agruparon en un único género, *Larentia* Tr. Later. Este heterogéneo grupo de especies se dividió en géneros de diez en diez (e.g. *Lampropteryx, Ecliptopera, Chloroclysta*). La *Camptogramma bilineata* es uno de los geométridos más abundantes y habita en toda la región paleártica.

3

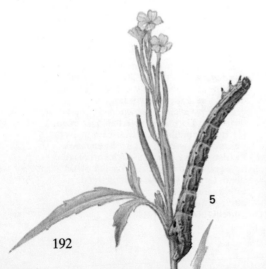

5

El Fénix (1) tiene una envergadura de 30 a 35 mm. Hay una generación anual que vuela desde junio hasta agosto. Los huevos invernan. La oruga (2) vive durante los meses de mayo y junio y se alimenta de diversos matorrales y árboles del género *Prunus*. El estadio de pupa (3) es muy breve.

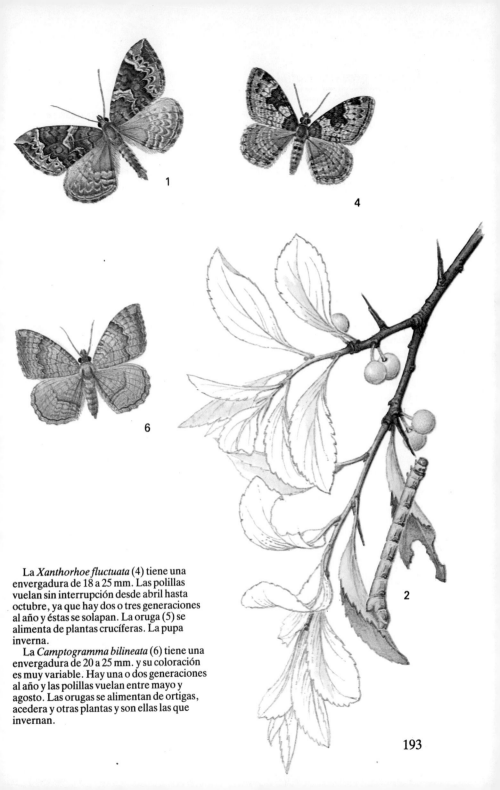

1

4

6

2

La *Xanthorhoe fluctuata* (4) tiene una envergadura de 18 a 25 mm. Las polillas vuelan sin interrupción desde abril hasta octubre, ya que hay dos o tres generaciones al año y éstas se solapan. La oruga (5) se alimenta de plantas crucíferas. La pupa inverna.

La *Camptogramma bilineata* (6) tiene una envergadura de 20 a 25 mm. y su coloración es muy variable. Hay una o dos generaciones al año y las polillas vuelan entre mayo y agosto. Las orugas se alimentan de ortigas, acedera y otras plantas y son ellas las que invernan.

193

Algunos animales han destacado en la historia por su importancia económica, otros por su ayuda al progreso científico. Lo que es el ratón blanco o rata de laboratorio a la medicina, lo son la Mosca del Vinagre *(Drosophila melanogaster)* a la genética. Mientras trabajaban con estos insectos, los científicos descubrieron los dos tipos básicos de células embrionarias en el reino animal, que se nombraron tras ellos. Un macho con la célula embrionaria de la "Drosophila" produce dos tipos de esperma que difieren en la forma de los cromosomas sexuales, mientras que los huevos son todos iguales. Una hembra con la célula embrionaria de "Abraxas" produce dos tipos de huevos, pero el esperma es de un solo tipo. Entre los vertebrados, los mamíferos pertenecen al primer tipo, y los pájaros, por ejemplo, al segundo.

La *Abraxas grossulariata* es una especie de los bosques de la región paleártica que presenta una pronunciada variabilidad en la coloración. Anteriormente, las orugas causaban grandes perjuicios a la Ribes uva crispa y Ribes (dos especies distintas de groselleros). Hoy día esta polilla ha desaparecido de muchas localidades.

La *Opisthograptis luteolata* L. es un geométrido tan singular con su colorido amarillo brillante que no se puede confundir con otras especies. Se distribuye en Europa y Asia hasta Siberia oriental. Se encuentra en gran cantidad en zonas de bosques esteparios, en laderas llenas de matorrales y en parques y jardines.

5

La *Abraxas grossulariata* tiene una envergadura de 35 a 40 mm. Las polillas vuelan en junio y julio y algunas veces todavía se ven en agosto. La oruga (2) se desarrolla entre agosto y el otoño, luego inverna y finaliza su desarrollo durante la primavera siguiente. Crisálida en una hoja entretejida (3). Sus plantas nutricias son la Ribes, la Ribes uva crispa, endrino, avellano, etc.

La *Opisthograptis luteolata* (4) tiene una envergadura de 32 a 37 mm.; la hembra es mayor que el macho. Hay una generación anual. Las polillas vuelan desde finales de abril hasta julio. La oruga (5), que es polífaga, vive en los meses de agosto y septiembre y se alimenta de espino, endrino, madreselva, arándano, sauce y otros semejantes. La pupa inverna.

La *Ourapteryx sambucaria* es una de las mayores especies entre los geométridos. Tanto en apariencia como en tamaño parece una mariposa, pero un experto reconocería a primera vista que el tipo de antenas y la cabeza son de polilla. Su modo de vida también difiere del de las mariposas, ya que es activa durante la noche. Vive en la zona oeste de la región paleártica; en Asia sólo presenta una distribución diseminada y local, y en Europa no aparece a ningún tipo de altura. Sin embargo, en las tierras bajas de climas cálidos es una especie muy abundante. Incluso parece que su número está aumentando. Esto tal vez sea debido a que su planta nutricia, el saúco, también se está extendiendo mucho.

La subfamilia Ennominae, que abarca muchas polillas relativamente grandes y coloreadas de amarillo, naranja y hasta pardo, incluye asimismo la *Ennomos autumnaria* Wernb. Esta es una polilla extraordinariamente variable. Ocupa un territorio enorme que comprende Europa, Asia y Norteamércia; en todas ellas aparece en bosques de hoja ancha y en áreas de bosques esteparios, fundamentalmente en regiones cálidas de tierras bajas. También ha desarrollado el gusto por las huertas de frutas y por los parques de las ciudades, y en ellos se encuentra en cantidades muy numerosas. Existe una forma derivada de color pardo oscuro muy curiosa, la *schultzi*, cuyas alas tienen un brillo violeta. Asimismo, presentan diferencias entre el macho y la hembra —en la forma de las antenas, en el tamaño y en el color—. La hembra es mayor y más pálida y tiene menos lunares que el macho.

3

La *Ourapteryx sambucaria* (1) tiene una envergadura de 40 a 50 mm. Hay una generación al año y las polillas vuelan desde junio hasta agosto. Las orugas se desarrollan entre el verano y la primavera siguiente, pupando generalmente en mayo. Se alimentan de hojas de alisos, a veces también de lilas, endrino, clemátide, álamo, etc.

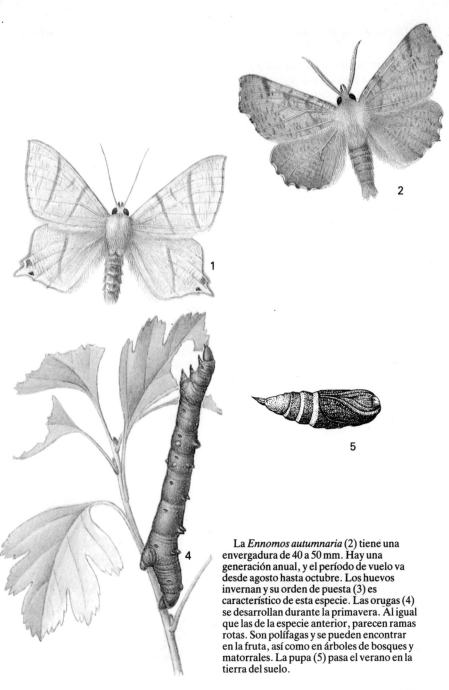

La *Ennomos autumnaria* (2) tiene una envergadura de 40 a 50 mm. Hay una generación anual, y el período de vuelo va desde agosto hasta octubre. Los huevos invernan y su orden de puesta (3) es característico de esta especie. Las orugas (4) se desarrollan durante la primavera. Al igual que las de la especie anterior, parecen ramas rotas. Son polífagas y se pueden encontrar en la fruta, así como en árboles de bosques y matorrales. La pupa (5) pasa el verano en la tierra del suelo.

Esta polilla últimamente se ha hecho muy popular y ha sido el tema de muchos artículos de revistas científicas. En el siglo xix apareció una forma de mutación oscura (f. *carbonaria)* en las zonas industriales de Inglaterra, y ésta comenzó gradualmente a suplantar a la forma origianl típicamente "apimientada". Hacia el final del siglo xix empezó a aparecer también en el continente europeo. Hoy día es el tipo predominante a lo largo de casi todo el territorio que ocupa. Se piensa que la mutación oscura tiene alguna relación con los negros humos industriales. Es un gen dominante, lo que significa que prevalece en la descendencia, y aparentemente tiene ciertas ventajas en la enigmática coloración, así como en la dureza general, comparado con la polilla original. La investigación lleva a cabo en varios países europeos ha revelado que las formas melanísticas son sin duda una indicación de la contaminación atmosférica. Sin embargo, este problema es mucho más complejo de lo que se pensó en un principio, ya que las formas intermedias, que no son completamente negras (f. *insularia*) tienen una herencia mucho más complicada que la forma completamente negra *(carbonaria).* La *Biston betularia* es un habitante común de los bosques de Europa y Asia. Existen especies relacionadas en América del Norte.

La *Biston strataria* Hfn. es una especie relacionada que también ha comenzado en los últimos tiempos a producir formas de coloración oscura. Se distribuye en la parte occidental de la región paleártica y se encuentra en biotopos similares a los frecuentados por la *Biston betularia* L.

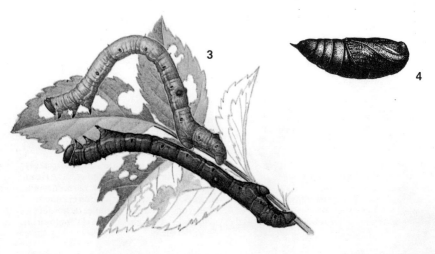

La *Biston betularia* tiene una envergadura de 35 a 60 mm. El macho tiene las antenas plumosas, mientras que las de la hembra tienen forma de cerda. El color de la polilla es muy variable. Las dos formas extremas son formas típicas "apimientadas" (1) y la forma negra (2). Hay una generación anual, y las polillas vuelan desde mayo hasta julio. Las orugas (3), que son polífagas, tienen colores muy variados. Se alimentan desde junio hasta septiembre de diversos matorrales y árboles, así como de plantas herbáceas como la alfalfa y el ajenjo. La pupa (4) descansa en el suelo e inverna.

La *Biston strataria* (5) tiene una envergadura de 40 a 50 mm. Las polillas de la única generación vuelan desde comienzos de la primavera, desde marzo hasta mayo. La oruga es polífaga y vive desde mayo hasta julio. La pupa inverna.

El color verde es, sin duda, un color poco corriente para los lepidópteros. Sólo en contadas especies se puede encontrar algún ejemplar verde como, por ejemplo, entre los noctuidos y los tortrícidos. Sin embargo, entre los geométridos hay una subfamilia entera, los Geometridae, cuyos miembros están coloreados de distintos tonos de verde. Entre éstos, unos 25 viven en Europa. La más grande es la *Geometra papilionaria,* de la que se deriva el nombre de toda la familia Geometridae. Habita la zona de bosques de hoja grande en Europa y Asia, extendiéndose hacia el Lejano Oriente —hasta Kamchatka y Sakhalin—. Sus lugares favoritos son bosques húmedos, cálidos, de hoja grande con abedules y bosques de valles con alisos. Esta polilla no abunda especialmente en ninguna parte, pero se encuentra con mucha frecuencia al pie de las montañas. El dibujo de las alas es muy variable, así como la coloración verde no es constante. Cuando la polilla emerge de la pupa es verde-oscura, pero va tomando gradualmente un tono más pálido. Existen dificultades en preservar a las polillas de este color para las colecciones. Las polillas se deben poner inmediatamente después de su captura, ya que si no los lunares de color paja aparecen en las alas durante el proceso de relajación de los ejemplares secos y luego ya no se van.

Entre las polillas geométridas discretamente coloreadas la más abundante es la *Alcis repandata* L. Su distribución es semejante a la de la especie anterior, aunque se encuentra tanto en coníferas como en bosques de hoja grande desde las zonas de tierras bajas hasta las regiones montañosas. Tiene cierta tendencia hacia el melanismo; por ejemplo, la forma completamente negra nigricata. Las formas oscuras se dan principalmente en áreas industriales, pero su número fluctúa de año en año bajo la influencia del clima.

3

La Geómetra Esmeralda (1) tiene una envergadura de 40 a 50 mm. El macho tiene antenas pectinadas, la hembra filiformes. Hay una geración anual cuyas polillas vuelan desde junio hasta agosto, dependiendo de la altura. La oruga (2) vive desde septiembre y se alimenta de las hojas de los abedules, alisos, sauces, avellanos y otros árboles. Inverna y en mayo del año siguiente crisalida (3) entre hojas entretejidas.

La *Alcis repandata* L. (4) tiene una envergadura de 30 a 40 mm. El macho tiene las antenas pectinadas y la hembra filiformes. Tanto la coloración como las manchas de las alas son muy variables. Hay una generación anual. Las polillas vuelan desde mayo hasta agosto en grandes cantidades. La oruga inverna. Se nutre tanto de árboles de hojas grandes como de coníferas.

1

4

2

Cnaemidophorus rhododactyla
Den. et Schiff.

A pesar de no ser una familia muy grande, es muy interesante. Cuenta con unas 600 especies en todo el mundo; con más de 100 en Europa. Estas polillas generalmente tienen las alas divididas en dos o tres penachos parecidos a las plumas de las aves, y cuando se posan mantienen las alas abiertas. Han desarrollado piezas bucales. La *Cnaemidophorus rhododactyla* es una de las especies más abundantes y llamativas. Se encuentra distribuida por todo el hemisferio norte en biotopos de bosques esteparios bastante secos, en terraplenes cubiertos de matorrales y en zonas de pasto donde prevalece el rosal silvestre o escaramujo. También se encuentra con frecuencia en zonas agrícolas donde no se han utilizado productos químicos.

La *Stenoptilia pterodactyla* L. es otra especie abundante con una distribución semejante. Se encuentra en bosques claros de hoja grande y en los márgenes forestales, en zonas de bosques esteparios y en localidades herbáceas. Tiene un color canela típico. Al igual que todas las polillas plumosas, vuela sólo durante la noche y durante el día se esconde entre la vegetación.

Parece ser que la más conocida es la *Pterophorus pentadactyla* L., que destaca por su colorido blanco nieve. Excepto en la Península Ibérica, se distribuye por todo Europa y en las regiones templadas de Asia —en bosques esteparios y estepas—. En zonas montañosas se puede dar hasta los 1.000 metros.

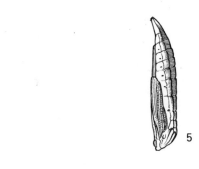

5

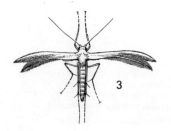

3

La *Cnaemidophorus rhododactyla* (1) tiene una envergadura de 20 a 25 mm. Hay una generación anual y las polillas vuelan desde junio hasta agosto. La oruga vive desde septiembre hasta mayo, se alimenta de los capullos de las rosas silvestres o escaramujos.

La *Stenoptilia pterodactyla* L. (2) tiene una envergadura de 20 a 25 mm. Cuando se posa dispone las alas posteriores bajo las anteriores (3). Hay dos generaciones al año, la primera vuela durante los meses de junio y julio, la segunda en agosto y septiembre. La oruga (4) se puede observar en julio y luego otra vez de septiembre a mayo (inverna) sobre la verónica. Se alimenta de las partes altas del tallo, los capullos, las flores y los ovarios inmaduros. Crisalida en la planta (5).

La *Pterophorus pentadactyla* (6) tiene una envergadura de 28 a 35 mm. Hay una generación anual que vuela de mayo a septiembre. La oruga, que es polífaga, vive desde el verano hasta mayo del año siguiente.

Los pirálidos son polillas pequeñas o, como mucho, de tamaño medio, con alas posteriores anchas. Generalmente, vuelan durante la noche. En todo el mundo existen aproximadamente unas 20.000 especies, de las cuales unas 600 son europeas. Esta familia tan heterogénea ha sido dividida por algunos entendidos en diversas familias menores como son: Grambinae, Pyraustidae, etc.

La subfamilia Crambinae constituye un grupo diferente. Una de las especies más abundantes de este grupo es la *Crambus nemorella* Hb., conocida en la literatura antigua por el sinónimo *Crambus pratellus* L. Se encuentra distribuida tanto en las zonas de tierras bajas como en las montañosas, en Europa y Asia. Como las otras especies relacionadas, presenta palpos largos y dirigidos hacia delante. Se encuentra entre las hierbas.

La *Pyralis farinalis* L. se alimenta de semillas y restos de plantas en las zonas salvajes. Sin embargo, ha encontrado unas condiciones inmejorables en molinos y almacenes de productos de harina, y, siendo embarcada con estos productos a todas partes del mundo, ahora existe prácticamente en el mundo entero.

Un grupo intersante entre los pirálidos es aquel cuyas orugas se alimentan de plantas acuáticas. Algunas especies de orugas se han adaptado a la vida acuática hasta tal punto que sus órganos respiratorios (tráqueas) sobresalen de su cuerpo para dar lugar a agallas con las que absorben el oxígeno directamente del agua. Una de dichas especies tan abundantes es la *Nymphula nymphaeata* L. Esta delicada polilla vive en las aguas de las regiones templadas europeas. La oruga es muchas veces nociva para los nenúfares que crecen en las albercas de parques y jardines.

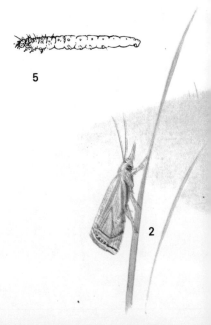

5

Crambus nemorella Hb. tiene una envergadura de 19 a 22 mm. El macho (1) es más oscuro que la hembra (2). La polilla descansa con las alas típicamente "presionando" contra los lados del cuerpo. Hay una generación anual cuyas polillas vuelan entre mayo y julio. La oruga se nutre de diversas hierbas desde agosto hasta la primavera siguiente.

La *Pyralis farinalis* (3) tiene una envergadura de 18 a 30 mm. Hay una generación anual y las polillas vuelan desde junio hasta agosto. La oruga, que inverna, se alimenta de semillas y restos de plantas o bien de harina y de productos elaborados con harinas. El método moderno de almacenar la harina en silos ha limitado el perjuicio causado por esta polilla.

2

La *Nymphula nymphaeata* L. (4) tiene una envergadura de 22 a 30 mm. Las polillas de la única generación vuelan en junio y julio. La oruga (5) vive desde agosto hasta la primavera siguiente y se alimenta de plantas acuáticas.

Zigena Común o de Seis Manchas
Zygaena filipendulae L.

Zygaenidae

Esta es la especie más abundante de todos los miembros de esta familia. Son unas polillas muy características, provistas de alas negras con ilustraciones de manchas rojas, amarillas o blancas o con alas anteriores verdosas con un cierto brillo metálico. En todo el mundo existen aproximadamente unas 1.000 especies, de las cuales 50 se encuentran en Europa. La Zigena Común se encuentra distribuida desde Europa hasta Asia central, donde habita en zonas de tierras bajas, así como en regiones montañosas, alcanzando alturas de hasta 2.000 metros, en lugares herbáceos, márgenes forestales y claros de bosque y en colinas donde hay abundantes flores ricas en néctar. Al igual que otras especies relacionadas, es de costumbres diurnas y en los días soleados visita una flor tras otra en un vuelo bastante pesado. No es estable. Con frecuencia, se pueden encontrar varias polillas posadas en una flor grande de algún cardo, o viuda silvestre, en compañía de abejas, abejorros y otros insectos.

La *Zygaena carniolica* Sc. es una especie termófila esteparia. Su distribución se limita a Europa central y sur, Asia Menor, Irán y las zonas cálidas de Asia hasta los Altai. En las montañas se puede encontrar a alturas superiores sólo en lugares soleados, sobre todo en sustratos de piedra caliza. El color de las alas es enormemente variable, y existen por tanto muchas formas.

La *Zygaena ephialtes* L., que se distribuye en la zona templada de Europa y Asia, es también extraordinariamente variable. Además de las muchas formas individuales, existen también diversas variedades hereditarias como, por ejemplo, f. *peucedani* con manchas rojas, y la f. *ictericia* con manchas amarillas en las alas.

La Zigena Común (1) tiene una envergadura de 30 a 38 mm. Hay una generación anual que vuela desde junio hasta septiembre. La oruga (2) vive desde el otoño hasta junio del año siguiente (como otras especies) y se alimenta de coronilla, filipéndula, trébol, serpol, etc. Antes de la crisalidación, teje un capullo amarillo brillante (3) dentro del cual crisalida.

La *Zygaena carniolica* Sc. (4) tiene una envergadura de 25 a 32 mm. Hay una generación anual y las polillas vuelan desde junio hasta agosto. La oruga es verde-pálida y se alimenta de varias plantas leguminosas. El capullo es oval y blanquecino.

4

La *Zygaena ephialtes* L. (5) tiene una envergadura de 30 a 40 mm. Las polillas de la única generación vuelan desde junio hasta octubre. Las orugas se nutren de coronilla, trébol y serpol. El capullo que contiene a la pupa tiene forma de huso y es plateado.

Existen unas 4.000 especies de Oecophoridae distribuidas por todo el mundo, y si añadiéramos las 5.000 especies de la familia Gelechiidae, que anteriormente se situaba con ellas en una sola familia, esto representaría uno de los grupos más grandes de los llamados microlepidópteros. Las polillas de la familia Oecophoridae presentan una enorme variabilidad tanto en cuanto a la forma como en cuanto al color, y de igual modo tienen formas de vida completamente diferentes. La *H. forficella* es uno de los miembros más grandes de la familia. Se encuentra en bosques de hoja grande de Europa y Asia, desde el nivel del mar hasta su límite superior, donde aparecen abetos falsos naturales. Prefiere las localidades húmedas. Las orugas viven bajo las cortezas y tocones de los árboles deteriorados y son muy sensibles a la falta de humedad.

La decorativa *Oecophora bractella* L. ocupa un territorio muy parecido. Incluso en el reino de mariposas y polillas, su curiosa combinación de colores amarillo y negro con manchas blanco-verduscas de lustre metálico resulta especial. Su atractivo es todavía mayor cuando se mira al microscopio, el cual revela la larga franja del borde de las alas.

La *Diurnea fagella* Den. et Schiff. es una polilla muy poco llamativa en comparación con las dos especies anteriores. La hembra tiene alas vestigiales y no vuela. Esta pequeña especie presenta una gran variabilidad de coloración y han comenzado a aparecer formas melánicas en grandes cantidades en los últimos años, en especial en las zonas industrializadas. Esta especie se encuentra en bosques y huertos desde Europa hasta Asia central, desde el nivel del mar hasta el límite superior de los bosques de hoja grande.

La *Harpella forficella* (1) tiene una envergadura de 21 a 27 mm. Hay una generación anual. Las polillas vuelan en junio y julio. La oruga vive desde el verano hasta la primavera siguiente. Es una especie muy abundante en los bosques húmedos.

La *Oecophora bractella* (2) tiene una envergadura de 12 a 16 mm. Hay una

2

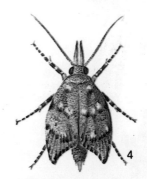

4

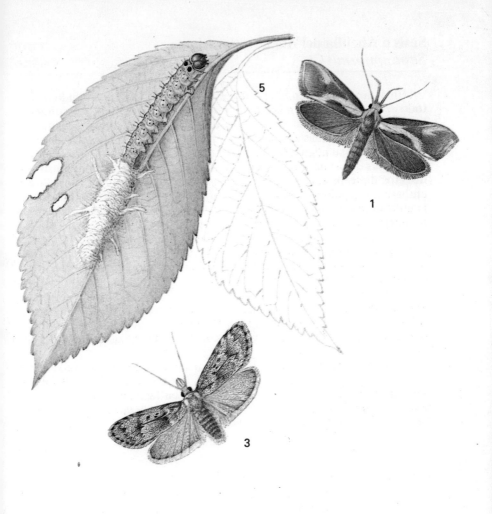

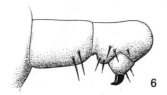

generación anual. Las polillas vuelan en los bosques húmedos durante las noches de mayo y junio, aunque a veces también lo hacen durante el día. El desarrollo de la oruga es igual que en la especie anterior. Esta es una especie relativamente poco común.

La *Diurnea fegalla* tiene una envergadura de 19 a 29 mm. Los machos (3) tienen alas normales, las hembras (4) sólo tienen alas vestigiales. Hay una generación anual. Esta polilla es una de las que primero aparece en primavera, volando durante la noche desde marzo hasta mayo. La oruga (5) es polífaga y de color verde. Es interesante destacar el tercer par de patas (6), que se mueve rápidamente hacia delante y hacia detrás cuando la oruga se siente irritada.

Sesis o Abejilla del Alamo y del Chopo
Sesia apiformis Cl.

Sesiidae

En el mundo existen unas 1.000 especies de sésidos, distribuidos sobre todo en Sudamérica y en las regiones tropicales del resto de los continentes. En Europa sólo se encuentran unas 30 especies aproximadamente. Estas extrañas polillas muchas veces presentan alas con zonas translúcidas, sin escamas, y su negro abdomen suele estar coloreado con bandas amarillas o rojas. A primera vista se asemejan a varios himenópteros agresivos o insectos dípteros como abejas, avispas, Sphecidae y algunas moscas. Sin embargo, son polillas indefensas, y esta semejanza a insectos depredadores la utilizan como protección. Su parecido a diversos insectos se refleja en los nombres latinos de algunas especies. Los sésidos vuelan durante el día. La Sesia es una de las especies europeas de mayor tamaño. Se encuentra en las zonas más cálidas de Europa, Asia central y Siberia, así como en Norteamérica, viviendo exclusivamente en localidades de tierras bajas con diversas especies de álamos.

La Sesia del Grosellero *(Synanthedon tipuliformis* Cl.) tiene una distribución que abarca prácticamente el mundo entero (Europa, Asia Norteamérica, Australia, Nueva Zelanda). Se introdujo en muchas áreas al embarcar matorrales de grosella, ya que constituye una plaga para estas plantas.

La *Penniseria hylaeiformis* Lasp. se encuentra en Europa, Asia Menor y Asia central prácticamente en todos los lugares donde crecen frambuesas. La oruga se puede ver con frecuencia en las matas de frambuesas, mientras que es raro ver a la polilla. Esta especie puede en algunas ocasiones causar perjuicios a las plantaciones de frambuesas.

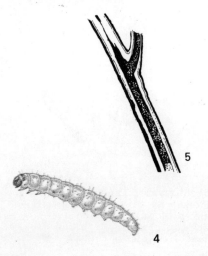

5

4

La Sesia o Abejilla del Alamo y del Chopo (1) tiene una envergadura de 30 a 40 mm. Las polillas vuelan durante el día entre mayo y agosto. La oruga (2) tarda dos años en desarrollarse, crisalidando en la primavera del segundo año después de invernar dos veces. Se esconde bajo la corteza de los álamos en la parte baja del tronco.

La Sesia del Grosellero (3) tiene una envergadura de 16 a 18 mm. Las polillas de la única generación vuelan durante el día desde junio hasta agosto. La oruga (4) se desarrolla en el interior de los tallos de los matorrales

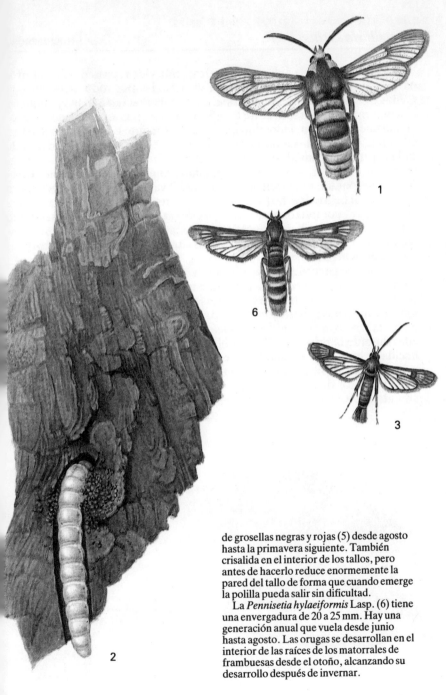

de grosellas negras y rojas (5) desde agosto hasta la primavera siguiente. También crisalida en el interior de los tallos, pero antes de hacerlo reduce enormemente la pared del tallo de forma que cuando emerge la polilla pueda salir sin dificultad.

La *Pennisetia hylaeiformis* Lasp. (6) tiene una envergadura de 20 a 25 mm. Hay una generación anual que vuela desde junio hasta agosto. Las orugas se desarrollan en el interior de las raíces de los matorrales de frambuesas desde el otoño, alcanzando su desarrollo después de invernar.

211

La familia Gracillariidae está relativamente bien representada en Euro pa. De las 2.000 que se encuentran distribuidas por todo el mundo, a menos 200 se encuentran en Europa. Son polillas de tamaño muy pequeñc con una envergadura sólo entre 6 y 15 milímetros. Las antenas tienen apro ximadamente la misma longitud que las alas anteriores. Las orugas socavar o "minan" las hojas. La forma de estas minas es también característica de cada especie individual, hasta tal punto que sirve de medio de identifica ción, sobre todo si se sabe de qué planta se alimenta dicha especie. Dife renciar las polillas es extremadamente difícil ya que son muy parecidas; la preparación de los órganos sexuales es una tarea muy laboriosa y requiere la utilización del microscopio. La *Gracillaria syringella* F. sólo habita en Europa en bosques bastante cálidos con mucha maleza y arbustos. Tam bién vive en los parques y jardines de las ciudades. La polilla se posa en las hojas de los arbustos.

El enorme género *Phyllonorycter* Hb., que comprende a un gran núme ro de especies, se encuentra generalmente limitado a los árboles de hoja grande y arbustos. El tipo de vida de las diversas especies es más o menos el mismo: una o dos generaciones al año, con orugas invernando en el interior de las minas, con aspecto de ampolla de las hojas caídas y crisalidando en ellas durante la primavera. Las polillas emergen poco después. La más co nocida es la *P. blancardella* F., que a veces aparece en los manzanos en tal cantidad que debilita su crecimiento. La oruga de la *P. Kleemannella* F. mina los alisos de los bosques ribereños, siendo también una especie muy abundante, así como varias especies de arce son minadas por la *P. sylvella* Hw.

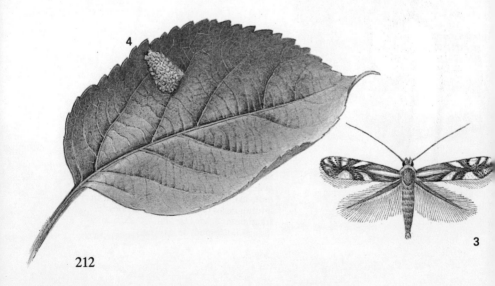

4

3

1

2

5

La *Gracillaria syringella* F. (1) tiene una envergadura de 12 a 14 mm. Hay dos generaciones anuales, volando la primera en abril y mayo y la segunda en agosto. Las orugas hacen minas con aspecto de ampollas (2) en las hojas de las lilas, ligustrum y fresnos. Cuando están ya completamente desarrolladas dejan las minas y crisalidan en el suelo. La pupa de la segunda generación inverna.

La *Phyllonorycter blancardella* F. (3) tiene una envergadura de 6 a 8 mm. Hay dos generaciones anuales. Las polillas vuelan en mayo y de nuevo lo hacen en agosto. La mina (4) es ligeramente convexa en la superficie superior de la hoja y membranosa en la parte inferior.

La *Phyllonorycter kleemannella* F. (5) tiene una envergadura de 6 a 8 mm. Se dice que cuenta con una generación anual. La oruga vive en los alidos en minas de forma igual que la de la especie anterior.

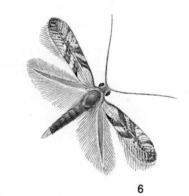

6

La *Phyllonorycter sylvella* Hw. (6) tiene el mismo tamaño y hace el mismo tipo de minas que las dos especies precedentes. Es dependiente de varias especies de arces.

213

Rhyacionia buoliana Den. et Schiff.

Tortricidae

Los enrolladores de hojas son polillas pequeñas y relativamente primitivas con una envergadura generalmente menor de 20 mm. El actual sistema de clasificación los sitúa filogenéticamente junto a otros grupos de polillas muy poco desarrollados. Se estima que existen más de 5.000 especies en todo el mundo, la mayor parte de ellas distribuidas en la zona templada. En Europa se pueden encontrar unas 500 especies de enrolladores de hojas. Las alas son de forma trapezoidal y se cierran tipo tejado cuando se posan; en algunas especies su coloración es muy variada. Las polillas son activas durante la noche.

La *Rhyacionia buoliana* se encuentra normalmente en bosques de pinos jóvenes. Generalmente vive en los árboles que tienen unos 10 años de edad y perjudica los brotes nuevos. Por ello se considera una plaga muy importante. Se distribuye por todo el hemisferio norte y se ha introducido incluso en Sudamérica.

La Piral del Roble *(Tortrix viridana* L.) constituye una peste para los robles. Las orugas pueden causar la defoliación completa de todo el bosque durante la primavera. Se distribuye en los robledales desde el norte de Africa por toda Europa y Asia Menor hasta el Cáucaso. También puede causar perjuicios en los parques de las ciudades.

La *Hedya nubiferana* Hw. es una pequeña polilla muy común y coloreada que ocupa un territorio muy semejante al de la especie anterior. Las orugas se crían en primavera y pueden causar grandes daños a los capullos de los árboles frutales de los huertos.

La especie *Olethreutes siderana* Tr. es muy decorativa. Sus orugas se alimentan de *Spiraea* en biotopos húmedos de las latitudes templadas y más al norte de Europa y Asia.

La *Rhyacionia buoliana* (1) tiene una envergadura de 16 a 20 mm. Las polillas de la única generación vuelan desde junio hasta agosto. La oruga (2) causa la malformación e incluso la muerte de los brotes de pinos jóvenes.

214

3

La Piral del Roble (3) tiene una envergadura de 18 a 23 mm. Las polillas de la única generación vuelan en junio y julio. Los huevos invernan, y las orugas viven en primavera cuando los robles comienzan a crecer.

La *Hedya nubiferana* (4) tiene una envergadura de 18 a 20 mm., hay una sóla generación anual cuyas polillas vuelan en junio y julio. Los huevos invernan. La oruga es polífaga.

La *Olethreutes siderana* (5) tiene una envergadura de 16 a 18 mm. Las polillas vuelan en junio y julio. Los huevos invernan. Las orugas emergen en primavera y se nutren de *Spiraea*.

5

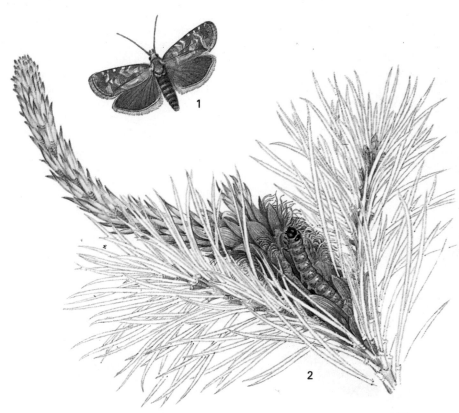

1

2

Mariposa del Taladro Rojo de los Troncos
Cossus cossus L.

Cossidae

Las Mariposas del Taladro Rojo de los Troncos son polillas muy primitivas en la escala evolutiva, aunque algunas de ellas son verdaderamente grandes. Existen aproximadamente 600 especies distribuidas por todo el mundo. La mayoría se encuentran en los trópicos, menos de 10 en Europa. La Mariposa del Taladro Rojo de los Troncos es una de las especies grandes. Habita en los bosques de hoja grande en Africa del norte, Europa y Asia hasta el Lejano Oriente. En las zonas montañosas se puede encontrar hasta el límite que forman los bosques de hoja grande. Sin embargo, generalmente aparece a orillas de ríos y arroyos, si es que hay árboles en ellos, ya que las orugas se introducen en la madera de algunos árboles. Dicha infectación de los árboles se reconoce enseguida por el olor a madera-vinagre; asimismo, se puede ver el serrín cayendo por las aperturas de las galerias excavadas. La oruga madura taladra en la madera una cámara espaciosa donde construye un capullo de serrín y fibras de seda donde pasa al estadio de pupa. En primavera, las orugas completamente desarrolladas abandonan con frecuencia el árbol donde vivían para crisalidar en otro árbol y éste es el período en que son más fáciles de ver. Muerden.

La Mariposa del Taladro Amarillo de los Frutales *(Zeuzera pyrina* L.) se distribuye en Europa y Asia y también se encuentra en Norteamérica, donde se introdujo en el siglo xix. Las orugas de esta especie también excavan galerías en la madera. Las polillas varían en el tamaño, dependiendo de la calidad de la madera que la oruga tenga disponible. Las manchas de las alas son muy variables. Es una especie abundante y muchas veces es atraída por la luz.

3

5

216

La Mariposa del Taladro Rojo de los Troncos (1) tiene una envergadura de 65 a 80 mm. El macho y la hembra difieren en tamaño y en la forma de las antenas. Las polillas vuelan desde junio hasta agosto. El desarrollo de esta especie lleva dos o tres años, dependiendo de la calidad de la madera y del clima. En la primavera que sigue al segundo o tercer período de invernación la oruga, completamente desarrollada (2), se transforma en pupa. La pupa (3) es marrón, y el estadio de pupa dura dos o tres semanas. La oruga es polífaga, aunque prefiere los sauces y los álamos y los viejos árboles solitarios.

La Mariposa del Taladro Amarillo de los Frutales (4) tiene una envergadura de 35 a 60 mm. La antena del macho (5) tiene una forma muy original. Las polillas vuelan desde junio hasta agosto. Su desarrollo dura dos o tres años, según el clima. Las orugas se han descubierto en unas 150 especies de árboles, y en algunas zonas causan serios estragos en los huertos de manzanos.

217

Adela degeerella L.

Adelidae

La familia de los cornilargos es relativamente pequeña, contando con unas 250 especies conocidas en todo el mundo. Entre éstas, aproximadamente 120 especies se encentran distribuidas por la región paleártica, incluyendo alrededor de 30 especies que aparecen en Europa. Son polillas pequeñas con una envergadura generalmente menor de 20 milímetros. Sin embargo, están provistas de unas antenas larguísimas, sobre todo los machos. Una de las especies comunes es la *Adela degeerella* L., de atractivos colores. Se distribuye en los bosques mixtos y de hoja grande por toda Europa hasta el Cáucaso. En los días de sol, en las localidades húmedas con rica vegetación, se pueden ver grandes números de machos revoloteando en los claros y circulando alrededor de las ramas de los matorrales de un modo muy similar a como lo hacen las Cachipollas efímeras. A medida que los machos vuelan arriba y abajo en un espacio relativamente pequeño, el brillo metálico de sus alas posteriores reluce fuertemente a la luz del sol. Las hembras no participan en estos vuelos pero permanecen sobre las hojas de matorrales o de plantas herbáceas en algún lugar cercano.

A comienzos de la primavera, cuando la almorta de la primavera y la prímula florecen, las pequeñas polillas de la especie *Adela reaumurella* L. pueden también observarse revoloteando en grupos alrededor de las ramas de los arces, robles, avellanos, etc., en días soleados. Cuando se posan, sus antenas, excesivamente largas, se mueven llamativamente hacia delante y hacia detrás. Esta especie se distribuye en Europa y Asia dondequiera que crezcan robles.

En las montañas se puede encontrar otra especie menos llamativa, la *Nematopogon robertella* Cl. Las polillas vuelan solas tanto de día como de noche allí donde encuentren su planta nutricia: el arándano. También abundan en los tallos de los abetos falsos o picea hasta el límite superior de los bosques.

3

La *Adela degeerella* tiene una envergadura de 16 a 21 mm. El macho (1) está provisto de largas antenas; las de la hembra (2) son más cortas y están recubiertas de escamas más grandes. Hay una generación anual que vuela desde mayo hasta julio. Al principio, la oruga mina las hojas; luego vive en una caja (3). Se alimenta de anémona de la madera, inverna, y en primavera crisalida en el suelo.

La *Adela reaumurella* (4) tiene una

1

5

2

4

envergadura de 14 a 17 mm. Las polillas de la
única generación vuelan en abril y mayo. La
oruga vive e inverna en el suelo en una caja
pequeña y se alimenta de restos de plantas
secas.

La *Nematopogon robertella* (5) tiene una
envergadura de 12 a 15 mm. Hay una
generación anual. Las polillas vuelan desde
junio hasta agosto. La oruga mina las hojas
del arándano, viviendo más tarde en una
pequeña caja. Inverna.

Fantasma
Hepialus humuli L.

Hepialidae

La familia de los hepiálidos incluye unas 400 especies conocidas. Es una familia muy antigua que ha existido en la tierra durante alrededor de 200 millones de años. Los primeros lepidópteros que hicieron aparición en la Tierra eran muy parecidos. El propio hecho de que la mayor parte de las especies se encuentren en la región australiana, oasis de tipos de animales arcaicos, testifica a favor del antiguo linaje de los hepiálidos. Sólo algunas especies no muy grandes se encuentran en Europa, pero la familia incluye entre sus miembros también a los lepidópteros de mayor tamaño del mundo, con una envergadura de más de 20 centímetros. Una característica arcaica es la venación tan semejante que presentan sus alas anteriores y posteriores (en lepidópteros más desarrollados la venación difiere). Entre otras características, están la forma de las piezas bucales y los órganos sexuales. Las orugas se alimentan de las raíces de las plantas.

La Fantasma se distribuye en las regiones templadas de Europa y Asia hasta Siberia. Se encuentra desde las tierras bajas hasta las montañas, pero donde más abunda es en las zonas al pie de las montañas. Allí vuela en los prados húmedos justo antes del anochecer con los machos a la caza de hembras vírgenes. Después de su fertilización, las hembras dejan caer los huevos libremente sobre la hierba mientras vuelan.

La amante del frío, Hepialus Cobriza *(Hepialus hectus* L.) no existe en el sur de Europa, pero es muy abundante en el centro y norte de Europa y Asia, extendiéndose su territorio hasta el Lejano Oriente y Sakhalin. Es una especie forestal y vuela antes del anochecer. En ocasiones, estas polillas aparecen en enjambres enteros en las montañas o en los linderos de pantanos donde crecen arándanos cuando los machos buscan a las hembras.

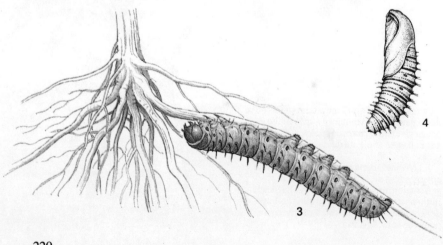

220

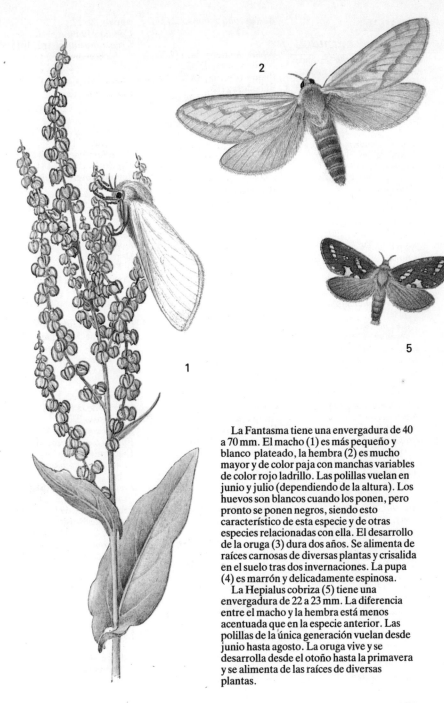

La Fantasma tiene una envergadura de 40 a 70 mm. El macho (1) es más pequeño y blanco plateado, la hembra (2) es mucho mayor y de color paja con manchas variables de color rojo ladrillo. Las polillas vuelan en junio y julio (dependiendo de la altura). Los huevos son blancos cuando los ponen, pero pronto se ponen negros, siendo esto característico de esta especie y de otras especies relacionadas con ella. El desarrollo de la oruga (3) dura dos años. Se alimenta de raíces carnosas de diversas plantas y crisalida en el suelo tras dos invernaciones. La pupa (4) es marrón y delicadamente espinosa.

La Hepialus cobriza (5) tiene una envergadura de 22 a 23 mm. La diferencia entre el macho y la hembra está menos acentuada que en la especie anterior. Las polillas de la única generación vuelan desde junio hasta agosto. La oruga vive y se desarrolla desde el otoño hasta la primavera y se alimenta de las raíces de diversas plantas.

INDICE

La mayor parte de las especies a las que se hace referencia incluyen ilustraciones.